ブランド・ストーリー戦略

人に伝えたくなる物語の力で「価値ある企業」へ

土屋 勇磨 著

マネジメント社

はじめに

軽井沢は「ブランド・ストーリー」の宝庫

川端康成、井上靖などの名だたる文豪をはじめ、政治家で早稲田大学の創始者でもある大隈重信など、多くの著名人に愛されてきた歴史をもつ「軽井沢」。

軽井沢は、明治時代から避暑地として発展してきた街です。

この地に初めて別荘を建てた人は、カナダ人宣教師のアレキサンダー・クロフト・ショー氏でした。日本の夏の蒸し暑さに辟易していた彼は、軽井沢の爽やかな気候と豊かな自然を気に入ったようです。

そして、宣教師だけでなく、大学教授や外交官たちも次々と別荘を構えるようになり、それらの西欧人との交流を求めて、日本の政治家や財界人・文化人なども、軽井沢に集まってくるようになりました。

その後、来訪者の増加に伴って、貸別荘やホテルが開業され始めました。万平ホテル、旧三笠ホテルなどの純西洋建築のホテルは、明治30年頃に建てられています。ですから、軽井沢には100年以上経っている建築物が数多く存在しているのです。

そんな、レトロな別荘や建物が、今、おいしいコーヒーが飲めるカフェやおしゃれなカレー屋さん、パン屋さん、工芸店、ホテルなどにリノベーションされ、続々オープンしています。

内装やインテリアに凝っている店。斬新なメニューや味にこだわった店。信州産の食材しか使わない店。野鳥やリスが遊びにくるテラスのある店。どの店も、軽井沢の四季折々の豊かな自然を満喫できて、心安らぐひとときを過ごすことができます。

私のお勧めのお店はたくさんありますが、例えば、丸山珈琲軽井沢本店では、自分好みのコーヒーを最高においしく淹れてくれます。オーナーの丸山健太郎氏は、若い頃インドにいたことがあり、はじめは廃業したペンションをリフォームしてカレーとチャイのお店を開いていました。しかしその後、コーヒーに詳しい方との出会いが転機となり、カレー店を1年で辞め、コーヒーの世界へのめりこんでいきました。

レトロモダンなおしゃれなお店に改装し、生産地で直接仕入れた生豆で焙煎にもこだわって提供したところ、リゾート地のニーズとマッチし30年以上続く人気店になりました。

軽井沢には、このような成功した逸話や「ブランド・ストーリー」が１００も２００もあるのです。

街外れのカフェがなぜ人気店になったのか

はじめまして、土屋勇磨（つちや ゆうま）と申します。

私は、生まれも育ちも軽井沢です。大学入学を機に上京し、卒業後は都内の大手不動産会社やリクルートのグループ会社で働いていましたが、社会人になって5年が経った頃、親が経営する軽井沢新聞社を継ぐために軽井沢に戻りました。

その後、２０１５年に独立し、現在は軽井沢と東京に拠点をもちながら３つの会社を経営しています。

地元に戻ってからの私は、軽井沢を出て改めて気づかされた軽井沢の魅力を発信するために、地域資源を活用した商品を開発したり、別荘の再生事業を行ったりしてきました。

そんななかで、「軽井沢の魅力をもっと多くの人に知ってほしい」という思いを強く抱くきっかけとなったのが、今から8年前、軽井沢の高級別荘地の南ヶ丘にたたずむ

「ハーモニーハウス」の保存プロジェクトでした。

詳しくは本編で紹介しますが、老朽化が進み維持が難しくなっていたこの建物を何とか存続させようと、建築美を損なわないように小規模なリノベーションを行い、カフェとシェアハウスに改修することにしたのです。

1年目は小鳥しか訪れない日もあり、お客さんはさっぱりでした。しかし、2年目になるとプレスリリースの効果が徐々に現れ始め、『るるぶ』の取材が来たり、『ヒルナンデス』で放映されたりして、「エロイーズカフェ」の認知は一気に広がりました。

マーケティングからいえば、場所は軽井沢の街外れでいい立地とはいえません。しかし、ハーモニーハウスがもつ歴史のストーリーを掘り起こし発信することで、全国からお客さんが足を運んでくれるようになったのです。

よく、「軽井沢は特別だから成功したのでしょう」と言われますが、軽井沢の別荘地としての歴史はたかだか130年程度です。日本には、もっと長い歴史があり、エピソードも多い地域はたくさんあるのではないでしょうか。

日本一わかりやすいブランド・ストーリーの本を

あるとき、地元の親しい後輩と話をしていると、その彼から「エロイーズカフェのストーリーからのブランディングは秀逸ですね」と言われました。

当時、私はちょうど大学院（ＭＢＡ）に通っており、ブランディングとストーリーの研究をしたいと書店で参考になる本を探していました。しかし、どれも内容が難しく、何が書いてあるのかサッパリわかりません。多くはブランディングの定義から始まる学術的なものや、海外の書籍を翻訳したもの、あるいはＧＡＦＡなどの大企業や、歴史の長いラグジュアリーブランド企業について書かれた書籍ばかりでした。

「もっとわかりやすくて、具体的な事例も交えた本はないものか……」と思っていたときでしたので、先の後輩の言葉がきっかけとなり、「ないなら自分で書くしかない！」と決断したのです。

本書は実務をベースに、歴史の浅い中小企業や小規模事業者でも実践できる内容になるよう心掛けました。

私が経営する会社も、自ら起業した歴史などない会社です。しかし、何もないところからでもストーリーを掘り起こし、メディアを活用すれば、わずか5年で多店舗展開して数億円でバイアウトできるほどのブランドを作り上げることができるのです。

これまでの私の経験と、ＭＢＡで得た知識を掛け合わせ、ストーリーとブランディングにおける成功例や失敗例も交えながら、私自身が求めていた「わかりやすく読める本」をここにお届けします。

さあ、あなたもストーリーを導き出し、ブランディングにチャレンジしてみましょう！

第7章 ブランド・ストーリーが日本の中小企業を救う

第1章

なぜ今、ビジネスにブランド力が必要なのか

コロナ禍でも最高収益をあげた企業の共通点

この本を手に取ってくださった皆さんは、さまざまなビジネスをされていることでしょう。私自身も現在3つの会社を経営する他、新たな事業を興すための準備にも取り掛かっています。

この数年は、コロナ禍によって企業の多くが倒産、または閉店といった事態に追い込まれました。さらには、ロシアによるウクライナ侵攻によって国際情勢は不安定になり、急激な円安は原材料費の大幅な高騰につながりました。予測が難しく、すぐには対応策が打ち出せないような激しい変動が、世界経済から私たちの日々の生活にまで、大きな影響をもたらしています。

特に打撃を受けたのは観光や飲食、小売業界です。政府が行った水際対策によって、一時期東京や京都などからも外国人観光客の姿は消え、あれほど混雑していた行楽地やリゾート地も閑散とした日が続きました。その間、改めて国内需要への回帰を求められましたが、コロナ関連による倒産は2年間で3000件に上ったといいます。

しかし、そんななかで過去最高益を出した企業があります。ルイ・ヴィトンなどを擁するLVMHやエルメス、グッチ、ロレックスなどです。そのブランド力の高さを私自身思い知らされたのは、コロナが少し下火になったときに訪れたハワイのロレックス正規販売店でした。

なんと、商品は展示してあるものだけしかなく、在庫切れの状況だったのです。

エルメスにいたっては2021年の純利益が前年比の77％増、コロナ前の2019年と比べても6割増となっています。

ブランド品の購入がこれだけ増えた理由には、世界的な行動規制で他にお金の使い道がなくなったことが挙げられるでしょう。外食にも行けない、旅行にも行けない、リモートワークで洋服も化粧品も買い足す必要がない。そこで消費者は、今までなかなか手を出せなかったブランド品の購入に流れていったのだと思います。

世界中で日々起こっている不確定要素によって、消費動向は簡単にシフトチェンジしてしまいます。そのなかで強さを発揮したのが、**「ブランド力をもっている」**企業だったのです。

「ブランド力」というと、先ほど挙げたような世界的な超有名ブランドを想像する方が多いかもしれません。しかし、**ブランド力は小さな個人商店でももつことが可能**です。

現に、私も「エロイーズカフェ」というブランドの力を高めることで、飲食店やサービスを拡大してきました。

激しい競争社会のなかで生き残っていくために、今こそ、あなたのビジネスもブランド力を身につけるときなのです。

では、どうすればブランド力で勝負できるようになるのか。具体的な方法を解説していきます。

「獺祭」の成功から学ぶブランド・ストーリーの必要性

まず、ブランド化に成功した事例として、今や海外でも知られる日本酒の人気ブランドとなった「獺祭（だっさい）」のエピソードを紹介します。

獺祭のことを、「入荷してもすぐなくなってしまうお酒」としてご存じの方もいるかもしれません。日頃から嗜んでいる方もいらっしゃるでしょう。

じつは、この獺祭を造っている旭酒造も、コロナ禍に販売量を伸ばした企業のひとつです。

旭酒造は、山口県にある老舗の小さな地酒メーカーです。3代目社長が父親の跡を継いだ1984年当時、日本酒の消費量が減少するなかで、旭酒造も売上不振に苦しみ、廃業寸前だったといいます。この状況から何とか脱却しようと、社長自ら一念発起。試行錯誤を重ね、安定した供給ができる高品質な純米大吟醸の製造に成功しました。

特筆すべきは、**それまでの常識を覆し、「杜氏に頼らない酒造り」**にシフトしたことです。

純米大吟醸酒は、白米、米こうじ、水のみを原料として造られ、米の精米歩合は50%以下とされています。さらに製法は、低温でゆっくりと発酵させ、特有の芳香を有するように醸造する吟醸造り。非常に手間のかかるお酒なのです。

酒造りは昔から、「杜氏」と呼ばれる酒造りを取り仕切る職人の経験と勘によって行われるものでした。

しかし、それは裏を返せば、杜氏に依存していることになり、腕のいい杜氏がいなければ美味しい酒は造れないということになります。

3代目社長はこの考えを大きく転換させ、「杜氏に頼らなくても美味しい酒はできる」という発想のもと、酒造りに必要な温度管理や作業をすべてデータ化し、これまでは木の樽で発酵させていたのをステンレス製に切り替え、味、香り、口当たりなどを何度も分析し、究極の味を追求していったのです。

そのため、冬場だけのものだった酒造りが、一年中、造りたてのお酒を出荷できるようになりました。他にも、自社の精米工場を作ったり、12階建ての酒蔵を建築したりと、これまでの酒造りの常識をことごとく覆していきました。

今ではパリに直営店が置かれ、ニューヨークに酒蔵を建築するなど、その勢いはとどまるところを知りません。

獺祭をまだ飲んだことがない方は、きっと、このエピソードを読んで「飲んでみたい」と思われたことでしょう。

日本には1000もの造り酒屋があり、銘柄は1万以上あるといわれます。

味のよさは当然ながら、**そのお酒がもつブランド・ストーリーに惹かれて購入した顧客は、次にお酒を選ぶとき、必ずといっていいほど自分がストーリーを知っている銘柄を選びます。**

大量に物が溢れ、情報が溢れている今だからこそ、ブランドにはストーリーが大切なのです。

多様化時代の生き残り戦略にもストーリーが必須

現代は「多様化時代」といわれます。働き方やライフスタイル、結婚観など、あらゆるものの多様化が進んでいます。そして、小さなお店から大企業まで、多様化するニーズに応え、生き残りに必死です。

これまでは、ラーメン屋のライバルは、同じラーメン屋か中華料理店、ファミリーレストランでしたが、テレワークが広まった現在では、自宅で食べられるインスタントラーメンや生ラーメン、冷凍食品なども、味と品質が向上し、競争は一層激しくなっています。

私の友人も、ラーメン店のオーナーとして、お客さんのニーズをつかめず悩んでいる当事者でした。

かつての同僚でもある彼から、あるときこんな相談を受けました。

「ランチタイムに3時間営業しても、お客さんが3人しか来ない日があるんだよ。何がダメなんだろう……?」

月商でいうと数十万円ほど。都内に店を構えているため、仮に賃貸料を月に12万円払って、アルバイトを1人雇って、光熱費を払って、高騰している原材料費を入れると……。ざっと見積もっただけでも明らかに赤字です。

彼の店に足を運んでみたところ、内外装はそれなりにおしゃれで、気持ちのいい空間が広がっています。お店のロゴもセンスがあり、ロゴ入りの特注の器でラーメンを提供しています。味も悪くない。だけど、やはりお客さんは私を含め、2、3人ほど。

ラーメンをすすりながら、私はこの店の「ストーリーのなさ」を感じました。

もし彼が本気でこのラーメンを売り出したいと思うなら、まず、「おしゃれな外装や内装のラーメン屋ならお客さんが来る」という固定観念を打ち破らなければなりません。そして、この店の名前やオリジナルのラーメンを、**ファンがつくような「ブランド」にしたいのなら、今すぐストーリーを見つけるべき**だと思いました。

「下積み時代によく行っていたラーメン屋が閉店すると聞いて、妻や周りの反対を押し切って弟子入りし、親方のラーメンの味を継承しました」とか、「お金がないときに、いつも食べさせてもらっていたラーメンを再現しました。この味で、みんなを勇気づけたいんです」といったような、個人の体験に裏打ちされたストーリーは、ありきたりかもしれませんが、それゆえにわかりやすく、共感を誘います。

皆さんのなかにも、人に語りたくなるような体験が眠っているのではないでしょうか。そして、そのラーメンで恩返ししたいのか、子どもの頃に食べたハンバーグの懐かしい味を共有したいのか、あるいは、仕事がうまくいかないときに癒やされたコーヒーの薫りを届けたいのか……。自分なりの理想や志があると思うのです。

元同僚の彼にも、**何十年も生きてきて、自分のなかの引き出しに入ったままになっている思い出や記憶があり、それに付随するさまざまな感情（喜びや感謝など）が、必ずある**はずです。

小さなお店であってもストーリーは必須です。

「きみにも、語れる何かがあるんじゃないかな？」

そう彼に伝え、私は店を後にしました。

その後、彼はラーメン屋にかけた思いを自身のバックグラウンドから探りあて、ストーリー作りに見事成功しますが、この続きは7章で紹介します。

日本企業400万社中、127万社が後継者未定

日本には企業が約400万社あるといわれています。このうち、経営者が70歳を超えている会社が250万社。そして、その約半数の127万社が後継者不在に悩んでいます。

なかには赤字で会社をたたむしかない、という企業もありますが、じつは黒字廃業しているケースも多いのです。

すでにお客さんがついていてビジネスが成り立ち、業績が黒字だったら、その会社を継がない理由はないと思うでしょう。

何を隠そう、私も会社を継がなかった者の一人です。

2006年に地元の軽井沢に戻り、親が立ち上げた会社を継いだ時期がありました。

ところが、いざ事業を始めてみると、親との価値観の違いに、次第にストレスを感じるようになっていきました。

私はアイデアを思いつくと、次々と新しいことをやりたくなる性格なのに対し、親は保守的な考えで「自分たちがやってきたことを続けてほしい」と要求してくる。私と親では、目指すものが違うと感じることが多くなり、最終的に私が会社を離れました。

継ぐ側には、私のように「昔のやり方は古臭くて嫌だ」「自分で新しいことをやりたい」という思いがあり、**継がせる側は、たいてい後継者に「これまでのやり方を続けてほしい」と望むので、承継がうまくないことが多い**のです。

また、「親と同じ仕事はしたくない」「店の責任を負いたくない」という子どもに対しては、「無理して子どもや他人に継がせても……」と考える親もいるでしょう。

軽井沢の、ある老舗洋食屋さんも、後継者不在で閉店した店のひとつです。

子どもが3人いましたが、3人とも「飲食店はやりたくない」と言って、誰も親の跡を継ぎませんでした。他に担い手もなく、結局、40年以上も続いたお店を閉めることになりました。
私も子どもの頃からよく行っていた、思い出のある洋食屋さんでしたので、閉店を知ったときには寂しさを覚えたものです。

一方で、後継者が見つかり店を続行できたケースもあります。
同じく軽井沢にある「離山房」という喫茶店です。ここは長らく高齢の女性が店を続けていましたが、その人が、とうとう体調を崩してしまいました。いよいよ閉店するしかない、という状況になったとき、お店の常連客だった女性が手を挙げ、経営を引き継ぐことになったのです。

なぜ離山房は承継できたのか。その理由は、「ストーリー」があったからだと私は考えています。

離山房は、あのジョン・レノンとオノ・ヨーコ夫妻がたびたび来店し、懇意にしていた喫茶店でした。店内には、奥の東屋で子どもを遊ばせている夫妻の写真など数点

離山房

が飾られており、２人がこの喫茶店をいかに愛していたかがわかります。

オノ・ヨーコは、両親が軽井沢に別荘をもっていたこともあり、幼い頃からよく軽井沢を訪れていたようです。幼い頃の思い出が詰まった軽井沢に、最愛の人であるジョン・レノンを連れてきたかったのかもしれません。

「離山房が閉店してしまうかもしれない」と聞きつけたとき、私はこんな魅力的なストーリーのあるお店がなくなってしまうのは惜しいと思い、もし誰も継ぐ人がないのであれば手を挙げるつもりでいました。

前述した老舗の洋食屋さんも、おそらく語れるストーリーやエピソードは何かしらあっただろうと思います。軽井沢という地で、半世紀近くも同じお店を続けてきたわけですから。

しかし、それをうまく引き出せず、自身の子どもたちやスタッフ、お客さんに伝えることもできなかったために、続けることができなくなってしまったのです。

「すでにあるもの」に新たな価値を加えてブランドを作る

何事もゼロから始めるには、大変な時間と労力がかかります。

ブランドを構築する手法として、全く新しいところから組み立てていくのではなく、すでにあるものに新しい価値を加えてブランディングする方法もあります。

その一例を、私が実際に手掛けた事例で紹介します。

軽井沢のなかでも高級別荘地と呼ばれる南ヶ丘に、「ハーモニーハウス」という歴史的建造物があります。森林のなかにたたずむこの建物は、日本を代表するモダニズム建築の巨匠・吉村順三氏の作品で、音楽教育家であったアメリカ人女性のエロイーズ・カニングハムさんが、日本の青少年のために私財を投じて建てた音楽ホール兼合宿施設です。

ところが、建てられてから30年以上が経ち、老朽化が進み、維持するために必要な資金もいよいよ底を突き、所有者は管理費や税金を納めることも難しくなっていました。

取り壊しの危機に瀕していたところ、私たち（軽井沢総合研究所）は、軽井沢の宝といっても過言ではないこの建物を、何とか存続させたいと活動を始めました。

そして、さまざまな方法を検討した結果、建築美を損なわないようにリノベーションを行うことに決めたのです。

ダイニングの部分をカフェに、居住スペースをシェアハウスに改修することにし、２０１５年、エロイーズさんの名前を冠した「エロイーズカフェ」をオープンしました。

まず、私は、エロイーズカフェのことを広く知ってもらおうと、見学会を開催しました。吉村順三という有名建築家が設計した建物ですから、建築を勉強している人や建築に興味のある人が「行ってみたい」「この目で見てみたい」と思うのではないかと考えたのです。

そこで、彼らにアプローチするために、建築関係の雑誌『ＣａｓａＢＲＵＴＵＳ（カーサブルータス）』をはじめ、旅行関係の雑誌、テレビ局などのメディアにプレスリリースを送りました。

すると、狙い通りに『ＣａｓａＢＲＵＴＵＳ』に取り上げられ、大勢の人に来てもらうことができました。

一般の人なら外観や内装の雰囲気を楽しむだけだと思いますが、さすがは建築好きの人たちです。

ドアノブやサッシ、古い鍵のディティールなど、細かいところを熱心に観察したり、撮影したりしている人もいましたし、「天井の高さは何センチですか？」といったマニアックな質問をしてこられる人もいました。

皆さん、「これは他ではなかなか見られないね！」と興奮気味で、嬉々として見て回っていたのを覚えています。

ＳＮＳの口コミ効果もあったのでしょうか。あるとき、早稲田大学で建築を教えて

見学ツアー

いる教授から「学生を連れていきたい」という連絡を受け、100人もの学生さんが来たこともありました。

思った以上の反響に驚いていると、側にいたある女性スタッフが「建物の見学と、コーヒーと軽食をセットにして3000円ぐらいのツアーを企画したら喜ばれるんじゃない？」とつぶやいたのです。

「それはいいアイデアだ！」と思った私は、早速スタッフを集めて作戦会議を行い、ツアーを開催することにしました。

これがなんと大当たり。毎回満員になるほどの盛況ぶりでした。

「観光に来る多くの人は、ただ美味しいものを食べたいだけでなく、知的好奇心をくすぐられるような体験をしたいんだな……」と改めて知らされた出来事でした。

しかし、話はここからさらに発展していくことになります。

旧財閥の別荘に価値を吹き込み、ツアーを企画

ハーモニーハウスのように、すでにあるものに価値を吹き込むことの可能性について、母と話していたときのことです。

母が「あなたの企画したツアーイベント、楽しそうだったわね。だけど、ハーモニーハウスより、三井別荘のほうが素敵な建物よ」と言うではありませんか。

そうと聞いたらすぐに調べたくなってしまうのが私の性格。早速、三井別荘についてリサーチしてみました。すると、この別荘は軽井沢で一番古い洋館と和館の折衷建築だということがわかりました。１２０年も経っているにもかかわらず、その頃のままの優雅な雰囲気が漂い、アンティークの家具も置かれていました。

「これだけしっかりした建物で、しかも築年が古い。**この価値を活かせたら、おもしろいことができるんじゃないか**」。私の胸は高鳴りました。

三井別荘外観

そこで、登記簿謄本を取ってみると、なんと手書きの謄本で、最初の所有者は「三井三郎助」と書いてあったのです。この人は、ＮＨＫの朝の連続テレビ小説『あさが来た』（２０１５年~２０１６年放送）の主人公のモデルとなった、広岡浅子の義理の甥であることもわかりました。

日本女子大学の創立にかかわった浅子と共に、大学創立に多大なる貢献をした人で、日本女子大学のある東京・目白の土地も、三郎助がもっていた土地でした。

そして、三郎助が軽井沢に所有していた10万坪の土地には日本女子大学の寮「三泉寮」が設置され、今も学生たちに使用されています。

浅子は、夏には軽井沢にある三郎助の別荘でたびたび過ごしていたようです。２人は叔母と甥という関係でしたが、歳が近かったこともあり、浅子は三郎助を可愛がり、また三郎助も浅子を慕っていました。

『あさが来た』の主人公が、それほどまでに深く軽井沢と縁があったことを初めて知ったのです。くしくも当時はちょうど『あさが来た』の放送が終わった直後。そこで私は、「広岡浅子が過ごした軽井沢を体験するツアーを企画すれば、多くの人が軽井沢に足を運んでくれるのではないか」と考えました。

報道関係者　各位

2016年4月5日
株式会社軽井沢総合研究所
代表取締役　土屋勇磨

NHK「あさが来た」モデル広岡浅子ゆかりの三井財閥別荘を一般公開！
浅子関連のスポットを巡るツアーが軽井沢でスタート！

株式会社軽井沢総合研究所（本社：長野県軽井沢町、代表取締役　土屋勇磨、以下KRI）は、NHK朝の連続テレビ小説「あさが来た」のモデルとなった明治の女傑・広岡浅子ゆかりの歴史別荘見学ツアーを4月23日から実施することを決定した。ツアーでは浅子ゆかりの日本女子大関連スポットを巡るほか、浅子とともに日本女子大設立に尽力した小石川三井家8代当主・三井三郎助（高景）が、1900年（明治33年）に軽井沢に建てた和洋館別荘の内覧も可能になる。

■□■歴史別荘見学ツアー概要■□■

■名称：“NHK朝ドラで話題の『広岡浅子』ゆかりのプライベートツアー”
■概要：軽井沢にある広岡浅子ゆかりのスポット（日本女子大軽井沢寮、大もみの木、三井別荘、他）をめぐるツアー。浅子や成瀬仁蔵も滞在したとされる三井財閥の別荘を特別にご案内。浅子を支援した伊藤博文、大隈重信、渋沢栄一らがサロンとして利用した軽井沢の鹿鳴館・三笠ホテルの西洋風カレー特別ランチ付き。
■参加費：7000円（税別）※保険、昼食、資料込
■実施日時：4月23日（土）〜11月27日（日）までの土・日・祝（8月は毎日）
■所要時間：約2時間
■定員：1回10名まで（別荘地の静かな環境を維持するため）

※報道関係者の方を対象としたプレツアーを企画しております。ぜひご参加ください。

【本件についてのお問い合わせ先】
株式会社軽井沢総合研究所　担当　佐野・土屋
TEL：050-5835-0554　E-mail：info@kri-inc.co.jp

『あさが来た』ツアーのプレスリリース

私の予想は当たり、プレスリリースを出すやいなや「ヤフー・トピックス」のトップページに取り上げられました。

インターネットでの宣伝効果もあってかツアーは大人気になり、参加者たちは、「この籐椅子に浅子が腰かけていたのね」「浅子が実際に過ごしていた雰囲気を感じられるなんて素敵ねぇ」と、めいめいに歴史に思いをはせていました。

ただその後、非常に残念なことに三井別荘は取り壊しになってしまい、今はもう実物を見ることはできません。

どんなに魅力的な物であろうと、「**一度失われるともう二度と戻ってこない**」という教訓を得た一件でもありました。

歴史的な建造物は、「**そこにあるだけで価値あるブランド**」と言ってよいと思います。そこへ新たな価値を加えることで、ビジネスが成り立つことを2つの事例でお伝えしました。

壊される三井別荘

なぜコンビニなら100円で買えるコーヒーが1000円で売れるのか

次に、ブランド化することのメリット、強みは何なのか、見ていきたいと思います。

1杯のコーヒーを例にして考えてみましょう。

現在、コンビニで買えばコーヒーは1杯100円ほどです。侮れない美味しさで、さらに進化し続けています。

これに戦々恐々としているのが街中にある喫茶店です。

おそらく1杯400~700円で提供していると思いますが、そのなかの多くは、新しい味わいや薫りを追究することなく、「いつものコーヒー」を出していることでしょう。

これでは、消費者から「コンビニで十分」と思われても仕方がありません。

では、エロイーズカフェのコーヒーは1杯いくらだと思いますか？
価格帯は980円〜1280円。コンビニの約10倍の値段です。もちろん豆やブレンドにもこだわっていますが、何よりも「軽井沢という別荘地にたたずむ歴史的な建物のなかで飲むコーヒー」という付加価値があります。テイクアウトで済ませるコンビニのコーヒーと違う土俵に上がっているため、そもそもコンビニと競争にならないのです。

親しい友人や家族とコーヒーを飲みながら、窓から見える森林を眺める。普段はなかなか落ち着いてできない話を改めてゆっくりと語り合う。あるいは、これから軽井沢のどこへ行こうか、何を食べようか……。このような非日常的なひとときを求める**お客さんにとって、その価値がのせられた1000円のコーヒーは、けっして高くはない**のです。

それではここで、同じ価格が高く感じるか、安く感じるか、もうひとつの例で考えてみましょう。
ここに、1000円という同じ価格設定で作られた牛丼弁当があったとします。

1つは1895年創業のすき焼き専門店「今半」の作ったお弁当です。もう1つは、「うまい、やすい、はやい」でおなじみの「吉野家」です。

あなたはどちらのお弁当を食べたいですか？

吉野家ならいつでも500円以下で食べられて、ほとんどの町で手に入ります。それに対して今半は、1000円以下のお弁当は普段から作っていません。ですから、1000円という価格設定は、今半ならいつも通りか、あるいはダウングレードしたお弁当が提供されるでしょう。逆に、吉野家のほうは通常よりグレードアップした牛丼弁当が出てくるはずです。

そう考えてみると、もしかすると、ですが、この場合、本当に美味しいのは吉野家の牛丼のほうかもしれません。しかし、ほとんどの人が今半を選ぶのではないでしょうか。

やはり、いつでも食べられる廉価な吉野家より、なかなか口にすることのない今半というブランドが作ったお弁当を食べたいと思うわけです。

つまり、これは「美味しければ売れるわけではない」ということを如実に表しています。

「美味しいもの」と「選ばれるもの」。そこを分けるのがブランド力なのです。

吉野家にはすでに「早くて安い」というファストフードのイメージが強く刷り込まれています。そのため、いくら高い付加価値をつけた商品を開発しても消費者がついてこないのです。

もちろん、高価格帯を狙えない吉野家はダメだ、といっているわけではありません。吉野家が考えるマーケットは低価格・高回転のマスが相手。この手のビジネスは、成功すれば手堅く儲かりますから、それはそれでいいのです。

しかし、規模が小さいお店では、吉野家のような大きなマーケットを狙うことはできません。であれば、やはり**付加価値をつけて他と差別化しなければ、お客さんには選んでもらえない**でしょう。

そのためには、繰り返しお伝えしているように、「ブランド力」が必要になってくるのです。

漫然と商売していてはコンビニに負けてしまう

私は常々、どんなビジネスも最大の脅威はコンビニだと思っています。

今のコンビニでは、少し前なら専門店でしか食べられなかったようなクオリティの商品が低価格で売られています。

コンビニ事業を展開する各企業は、スイーツや総菜パン、お弁当開発部門を設け、他社の研究や新メニューの開発に日夜しのぎを削っています。

その様子は、『ジョブチューン』（ＴＢＳテレビ）などの人気テレビ番組でごらんになったことのある方も多いのではないでしょうか。

ときにメーカーと協業したり、ＧＯＤＩＶＡなどのスイーツブランドとコラボレーションしたりするなど、「お客さんを飽きさせない」工夫を凝らし、常に新商品を世に送り出しています。

このままいくと、個人で経営しているようなお店は、どんどん淘汰されていってしまうと思っています。

情報化、多様化といった大きな流れに加え、そんなコンビニの脅威もある。そのなかでどうすれば生き残っていけるのかと考えると、私はやはり、**ストーリーのあるブランドをもつことが一番有効な方策**だと考えています。

たびたび紹介してきたエロイーズカフェですが、改めて、どんなストーリーがあるのか、その内容を見てみましょう。

カフェの名前の由来となったエロイーズ・カニングハムさんは、幼少の頃に、宣教師の両親と共にアメリカから日本にやってきました。両親が軽井沢に別荘を建てたことがきっかけで、エロイーズさんは、避暑地として毎年のように軽井沢を訪れていました。

やがて第二次世界大戦が勃発。エロイーズさんは母国へ帰り、大学で音楽教育を学んだ後、音楽教師をしていました。

終戦後に懐かしい軽井沢の地へ戻った彼女は、生涯独身を貫き、西洋音楽の普及に努めたといいます。

その間、「もっと多くの子どもたちに音楽に親しむ機会を」と私財を投じて建てられたのが、練習場を兼ねた音楽ホール「ハーモニーハウス」でした。

慣れ親しんだ軽井沢への想いも感じるこの建物は、1983年に完成しました。カニングハムさんが2000年に亡くなった後、ハーモニーハウスを引き継いだのは、彼女が設立した社団法人青少年音楽協会でした。しかし、建てられてから30年以上の時が経ち、老朽化が目立つようになっていました。取り壊すかどうかの瀬戸際に立たされていたところから「エロイーズカフェ」に生まれ変わるまでの経緯は、前述したとおりです。

そして、看板メニューの「フレンチトースト」にもストーリーがあります。エロイーズカフェのフレンチトーストは、山型のイギリスパンを使っています。イギリスパンは、「軽井沢の父」ともいわれる宣教師のアレキサンダー・クロフト・ショー氏が、軽井沢の別荘で焼いていたことから広まったといわれています。そのときに

エロイーズさん

伝えられた製法を今も守り、作られたイギリスパンを使っているのが、このフレンチトーストなのです。

現在、エロイーズカフェに来てくださるお客さんは後を絶ちません。それは、どうしてでしょうか？

お客さんは、会ったこともないエロイーズさんのファンではないですし、ハーモニーハウスという建物自体にファンがついているわけでもありません（一部、建築好きの方はいらっしゃいますが）。

「戦後の日本の青少年のために、いい音楽を聞かせてあげたい」というエロイーズさんが抱いていた想いと、そのストーリーに共感しているのです。

お店に行ってみたくなる。

場所を自分の目で見たくなる。

その入口はエピソードにあります。

そして、その**エピソードは唯一無二のもので、「人に伝えたくなる」ものでなければ**

なりません。

実際にＳＮＳで「#エロイーズカフェ」でシェアされた書き込みを見ると、エロイーズさんの想いや、設計した吉村順三さんに触れている記事が多いのです。

「**共感を生むストーリーがあれば、ストーリーがないコンビニには絶対負けない**」と、私はそう信じています。

満席看板

第2章

ストーリー戦略でブランドを確立した成功事例

開発ストーリーでブランディング
〜「アメーラトマト」の成功例

消費者は、商品が誕生した経緯や商品に携わった人に魅力を感じ、そこに付加価値を見出して商品を選ぶ傾向があります。これを「ストーリー消費」と呼びます。

ストーリー戦略で重要なのは、第1章でも解説したように、消費者の共感です。

本章では、共感を呼ぶストーリー戦略によって、ブランドの確立に成功した事例を紹介していきます。

突然ですが、皆さんは「アメーラトマト」をご存じですか？

私がそのトマトの存在を知ったのは、都内のあるレストランに行ったときでした。「これが本当にトマト？」と疑ってしまうほどの甘さ、おいしさに感動したのです。

そこで、このトマトについて調べてみると、日本生まれでありながら、現在はトマトの本場スペインにまで市場を広げ、現地の農家と提携して生産もしているといいます。しかも、現地のトマトよりも10倍近い高値で取引されているというのです。これには大変驚きました。

このアメーラトマトのケースでは、その**「開発ストーリー」がブランディングに一役買っている**ようです。

アメーラトマトの栽培は、静岡県農林技術研究所が1996年に開発した、新しい栽培方法で行われています。

まずは無農薬育苗を行うため、人工光など最新技術を搭載した装置で苗を育成し、定植後もかん水・給液システムを駆使して高い水ストレスを与えるなど、徹底した栽培管理を行っています。

与える水を極限まで少なく抑えることで、甘みやうまみ、栄養価が凝縮された美味しいトマトができるのだといいます。

また、糖度基準や選果基準を独自に設定し、厳格な品質管理につとめている他、食品や環境、労働、人権といった農場の持続可能性につながる7つの取り組みが認められた「ＪＧＡＰ認証」を取得。「甘くて美味しいだけでなく安全で安心」という、非常に訴求力の高い商品作りを実現したのです。

地元の３人の農家さんから始まったトマト栽培は、その後、生産者と生産面積が徐々に増加し、２０１７年には、生産者が集まって法人化した株式会社サンファーマーズが販売と品質管理を担うようになりました。今や生産農場は静岡県だけでなく、軽井沢にも大規模な施設を構えています。

高価格にもかかわらず、全国で、そして海外でも人気を博しているアメーラトマトが成功した要因は、既存のトマト市場に**「高糖度」という新たな価値を生み出し、「甘くて美味しいアメーラトマト」というブランドを、しっかりと構築できたことが大きい**でしょう。

では実際に、どのようなブランド戦略によって市場の価値を高めてきたのか、マーケティング施策の一部を紹介しましょう。

○ネーミング

「アメーラトマト」の名前の由来は、静岡弁で「甘いでしょう」を意味する「あめーら」という言葉。

音だけでもインパクトがありますし、由来を知ればさらに「静岡県産」「甘い」といったポジティブなイメージが湧きます。

ネーミングを商標登録したことは、似たようなトマトが大量に並ぶスーパーの売り場での差別化にもつながりました。

○新たなカテゴリー

フルーツトマトのような甘いトマトは存在していたものの、「高糖度トマト」はこれまでに存在していなかったカテゴリーでした。

日本人の好きな野菜ランキングで常に上位に位置する人気野菜トマトに、新しいカテゴリーを生み出したことは、消費者にインパクトを与え、認知拡大につながりました。

○数値化

アメーラトマトは、甘いことはもちろん、大玉トマトと比べるとβカロテンやビタ

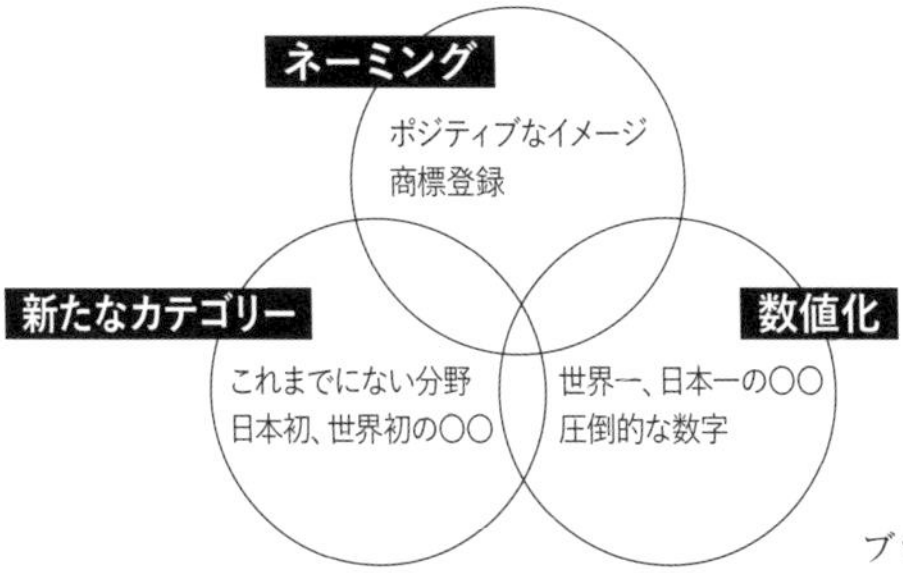

ブランド戦略のマーケティング

ミンA、ビタミンC、カリウムが豊富で栄養価も優れています。

そうした甘さや栄養価を、非破壊検査や外部機関による測定で数値化したことも、他のトマトでは行われてこなかった新しい取り組みです。

これまでは、いくら「甘い、美味しい」とお触れ書きされていても、消費者は「買って食べてみないと味がわからない」状態でした。

それを数値で表現することで、「甘くて美味しい」「栄養価が高く健康に良い」といった高付加価値化につながる訴求が、消費者により伝わりやすくなりました。

さらに、独自の糖度基準を設けることで、「いつも」甘いトマトという価値も加わりました。


このような施策によって、消費者から「少し値段が高くても、甘くて美味しいアメーラトマトは買う価値がある」という評価を得られたのです。

しかし、いくら評価が高くても、認知が広がらなければ売上にはつながりません。

アメーラトマトは、その食味の良さでさまざまな賞を受賞したことを受け、マスコミやブログなどに幅広く取り上げられたことで、知名度を高めました。

また、実際に食べてみて美味しさを知った消費者がリピート客になったり、口コミを広げたりして、認知や評判はさらに拡大。それがまたマスコミに取り上げられ……と、**さまざまな情報発信と確かな品質が功を奏し、ブランド価値はさらに向上していきました。**


軽井沢のスーパーにもアメーラトマトが販売されているのですが、あの味は一度食べたら忘れられません。

「ちょっと美味しいサラダが食べたいな」と思ったら、高くても迷わず手が伸びてしまいます。

アメーラトマトは、前述の「すでにあるものに新たな価値を加えてブランドを作る」好事例といえるでしょう。

どこでも買えるありふれた野菜のなかで、一歩抜きん出たアメーラトマトのブランド戦略は、他のさまざまな商品、サービスにも応用できるのではないかと思います。

エロイーズカフェはなぜ大手から出店依頼が舞い込むのか

軽井沢に本店を構えるエロイーズカフェは、現在、全国に分店として6店舗を展開しています。そのうち、大手商業施設内に3店舗、ホテルに1店舗入っています。まったくの**無名だったエロイーズカフェが、なぜ大手の商業施設に入れたのか**。経緯とその理由を解説します。

2015年にエロイーズカフェをオープンした際、私は「ゆくゆくは関東にお店を出したい」と考えていました。そして、「もし関東に店を出すとしたら、きっと路面店だろうな」と漠然と考えていました。大手商業施設なんて入れないだろうと思っていたからです。

軽井沢のエロイーズカフェも2年目を迎え、知名度が上がり、人気店になり始めた頃のことでした。

川崎にある複合商業施設「ラチッタデッラ（LA CITTADELLA）」の館長から「テナントとして入ってほしい」という依頼があったのです。

エロイーズカフェの1号店が繁盛していたこと、唯一無二のストーリーが確立していたこと、コンセプトがしっかりしていたこと、さらには館長がたまたま大学の同級生だったことから声がかかったようです。私にとっても、願ってもないありがたい話でした。

「このチャンスをものにしたい」。そう強く感じた反面、出店にあたっては2つのハードルがありました。

1つはコストの問題です。路面店のテナントであれば敷金と仲介手数料と内装費くらいで出店することができます。その代わり、集客は自分たちでしなければなりません。

一方、商業施設の場合、集客は商業施設側が担保してくれるため、必然的に出店コストが高くなります。初期費用として、保証料が家賃の12カ月分かかるだけではありません。

通常、店舗工事にはA工事、B工事、C工事という分類があり、A工事は施設側が作る大枠の建物の工事で、C工事は内装工事のことを指します。路面店であればC工事のみで済むのですが、商業施設には入居者が対応しなければならない「B工事」が存在します。

例えば冷暖房といった空調設備や防災のためのスプリンクラーやスピーカーの費用が上乗せされてしまうのです。しかもこれは建物側の資産となります。

商業施設に出店した場合、約45~55坪で初期費用が6000万円~7000万円と、高額の費用がかかることが課題だったのです。

そしてもう1つのハードルが、「再現性」でした。軽井沢の自然のなかでいただくコーヒーや軽食を商業施設内で再現することはできません。「再現性がなければ、お客さんは来てくれないのではないか……」という考えが頭をかすめたのです。

と同時に、この2つのハードルを乗り越えた「先」のことも考えてみたのです。

まず、コスト面について。

——初期コストは確かにかかるけれど、路面店に比べて商業施設は集客が段違いに強い。売上が圧倒的に上がるので回収も早いだろう。

実際、２０２０年に出店した商業施設内にある名古屋のお店はオープンした初年、初月の売上は坪当たり30万円以上という驚異の数字をたたき出しました。

次に再現性について。

――どんなお店であっても、軽井沢と同じことはできない。しかし、おしゃれで落ち着く雰囲気を作り、メニューも本店と統一感があればブランドとして機能するだろう。

さらに、こうも考えました。

――今、ここで出店しなかったら今度いつ声をかけてもらえるかわからない。仮に2号店を路面店に出すと、おそらく5、6店舗の路面店を出さなければ、商業施設での出店は無理だろう。

改めて分析してみると、これ以上ないチャンスであることは明白でした。

こうして私は2店舗目となる川崎のラチッタデッラの出店を決意。結果的に、商業施設に出店したことで、その後、都内や横浜に新しくできる商業施設からも出店依頼の話が舞い込むようになりました。

エロイーズカフェ川崎店

出店の依頼は、直接デベロッパーさんからお話をいただくこともあれば、テナント紹介のコンサルタント会社からお話をいただき、出店につながったケースもあります。デベロッパーさんたちは、私が考えるよりもはるかに「他にまだ入っていないテナントに来てもらいたがっている」ということを知ったのも大きな発見でした。

この後に紹介する浅草のエロイーズカフェは、ホテルオーナーからの指名で声がかかりました。「エロイーズカフェの朝食を食べたい人が泊まりに来るから、ぜひ入ってほしい」というラブコールだったのです。

こちらから売り込みをしなくとも向こうから声がかかる。この連鎖が、さらにエロイーズカフェの価値を高めていきました。

また、スターバックスやタリーズコーヒーのような大手ではありませんが、商業施設に出店したことで、大手のカフェとして認知され、飛躍的に認知度が高まりました。

成功の要因は、本店である軽井沢のエロイーズカフェに、「**確固たるブランド・ストーリーがあったから**」であることは間違いありません。

客観性を重視して、顧客が「求めているもの」をあぶりだす

ブランド・ストーリーは、客観性が大切です。自分の思いのみでブランドを作ろうとする人が多く見受けられますが、**主観的なストーリーだけでは消費者の共感を得ることはできません。**

エロイーズカフェが商業施設に入るようになってから、私はさまざまなメディアから取材やインタビューを受ける機会が増えました。そのときに、よく「土屋さんはもともと飲食店をやりたいと思っていたのですか？」と聞かれたものです。私はそのたびに、いつも「いいえ、飲食店を経営するなんて、まったく考えていませんでした」と答えていました。

飲食店経営者の大多数は、自分の夢を実現するために店をもつのでしょう。ですから、自分の店にかける思いや経緯をブランディングに活かすことが多いと思います。

しかし、私の場合は違いました。まず私が考えなければいけなかったのは、「老朽化したハーモニーハウスをどうやって保存していくか」だったからです。そこに自らの意思や希望は必要ありませんでした。

当時、ハーモニーハウスを残すために私たちが考えたのは、「ハーモニーハウスを結婚式場にして、運営会社に管理をお願いする」というプランでした。会場を転貸する、いわゆる「サブリース」で利益を得る、というビジネスモデルで年間挙式を150組ほど行えば、十分維持管理できると見込みを立てたのです。

その方法をすでに実行していたのが、かの有名な「星野リゾート」です。星野リゾートは、戦前から戦中にかけて首相を務めた近衛文麿氏の別荘「旧近衛邸」を借り受け、結婚式や披露宴会場として使用していました。格式高い建物で、まるでロイヤルウエディングのような、お姫様気分を味わえる人気の式場だと噂に聞いていました。

ところが、「ハーモニーハウスもこの方針でいこう!」と決め、動き出そうしていた矢先、近隣住民からの反対が役所に寄せられたのです。同じタイミングで、「旧近衛邸は建築基準法に違反している」と行政指導が入り、地元の新聞で大きく報道されてしまいました。ハーモニーハウスを結婚式場にするプランは立ち消えに。私たちの事業は振り出しに戻りました。

しかし、ここであきらめるわけにはいきません。

私は早速、次のプランBを考えるべく行動を開始しました。

古民家再生の事例を調べたり、経営者仲間で古い建物を活かして店舗にしている人たちに話を聞いたりして、「**ハーモニーハウスを残すために何をすることが最善か**」を、行動しながら考え続けたのです。

そうして出てきた案が、ハーモニーハウスの合宿所だった部分をシェアハウスに、食堂だったスペースをカフェにリノベーションする、というプランでした。

「これなら維持できるに違いない」と確信した私は、早速カフェのメニュー作りに取りかかりました。

もちろん、カフェの経営などやった経験はありません。それでも、メニューを考えるうえで「これだけはやらない」と決めていたことが1つだけあります。

それは、世間的に、安価だと認知されているメニューは作らない、ということでした。

例えば、牛丼やハンバーガーのようなファストフードでは、大手には絶対に太刀打ちできないのはわかり切ったことだったからです。

この場所で、この雰囲気で食べるからこそ「美味しかった」「また来たい」と満足してもらえるものは何だろう?

そう考えたとき、私の意識はハワイに飛んでいました。海が見えるオーシャンレストランで、エッグベネディクトを食べている風景が頭に浮かんだのです。

「リゾート地で味わうあの満足感を、軽井沢らしく表現したい」

「森のなかで朝食をゆっくりいただくというコンセプトが、しっくりくるんじゃないかな……」

イメージが固まると、次々とアイデアが浮かんできました。

「軽井沢には宣教師が伝えたパンがある。それを使ってフレンチトーストを出したらどうだろう?」とメンバーの一人に言うと、宣教師のレシピを再現したメニューを考案してくれました。

こうして生まれたのが看板メニューのひとつ、「フレンチトースト」なのです。

また、この建物に合うインテリアについても、まったく見当がつかなかったので、とにかく徹底的に調べました。

吉村順三氏が設計した他の建造物に、どのような家具が使われているのかをたどれば、ヒントが得られるかもしれない。

手を尽くしてリサーチしていたところ、ついに吉村氏の建物を取り上げた1つの特集記事に行きつきました。

そこには「吉村順三の建物には北欧の家具が合う」と書いてあり、掲載されている写真にも北欧製らしき家具が写っていました。

実際に足を運んでみると、確かに北欧の家具。調べると、デンマークのハンス・J・ウェグナーというデザイナーの作品だとわかりました。

リサーチを終えた私は、早速家具の収集に奔走しました。ウェグナー氏の設計したヴィンテージチェアは、ハーモニーハウスの雰囲気に見事にマッチし、空間の一体感を確かなものにしてくれています。

エロイーズカフェをオープンするまでの行動には、「私が作るフレンチトーストが

ウェグナーチェア

美味しいから食べに来てほしい」「自分が思い入れをもって選んだ家具を見てほしい」という発想はありません。

すべては「この建物と、この雰囲気に合うメニューは何か」「お客さんが別荘地・軽井沢でどう過ごしたいと思っているか」という視点に立って決定したのです。

客観性をあぶりだすことで、より多くの人に受け入れられるブランドを築くことができた事例だと思います。

よく「お客さんのニーズがわからない」「常連客が来ない」という人がいますが、私はその原因は「圧倒的なリサーチ不足」だと感じています。リサーチすればするほど、店にマッチするメニュー、内装、外観など、あらゆることがパズルのようにガチっとハマる瞬間が来ます。

リサーチは、書籍や雑誌、インターネットだけに限りません。私の場合は、吉村順三と親交のあった関係者に会って話を聞くところまで徹底的に行いました。

情報を集めていくことで余計な主観性が取り払われ、「本当にお客さんが求めていること」を客観的に見つめることができます。

歴史的なストーリーが与えた浅草のホテルの唯一無二性

2021年4月、歴史的なストーリーをひもとき、ホテルのリブランディングを行いオープンしたホテルがあります。浅草にある「THE KANZASHI TOKYO ASAKUSA」です。

かつて、この場所には「浅草田甫 草津亭」という150年余り続いた料亭がありました。

伝統のある江戸料理を提供していた草津亭は、芸者や遊郭街のある花柳界に花を添える存在として、1950年代には最盛期を迎え、賑わっていたそうです。

しかし、時代の移り変わりによって芸者が活動する料亭は激減し、ついには草津亭も閉店を余儀なくされたのです。

浅草

その場所に建てられたホテルを運営していたのが株式会社ホワイト・ベアーファミリー（ＷＢＦ）でしたが、コロナ禍で倒産し、後にはこのホテルだけが残されました。そこで、もともとこのホテルを所有していた株式会社ウラタの浦田一哉氏が、再建に乗り出したのです。

浦田氏は、この土地にかつてあった花柳界とそこに存在していた「浅草花街」のストーリーに感銘を受けたといいます。

ホテルの名前に「ＫＡＮＺＡＳＨＩ（かんざし）」と入れたのは、外国人に日本文化を伝えたいという思いからでした。

リブランディングの際には、建物の正面玄関には、日本伝統技法の「小叩き仕上げ」をした石材を使用。ホテル内には、日本の風景を撮影し続けてきた写真家、宮澤正明氏のアートパネルが飾られ、館内のいたるところで「日本の美」を感じる造りになっています。

また、館内屋上のルーフトップで浅草の芸者さんと写真撮影ができるイベントを開催したり、人力車でホテル前まで迎えにきてくれるサービスを提供したりするなど、日本文化を堪能するための工夫がなされています。

浦田氏自身は初めてのホテル経営でしたが、浅草の土地や周辺にまつわる歴史を丁寧にリサーチし、それをひとつずつ建物の外装や内装に落とし込んでいったのです。

ちなみに、エロイーズカフェ浅草店は、このホテルの1階にあります。

浦田氏からテナントのご指名をいただいた理由は、「どこにでもあるような大手の店は入れたくない」ということと、エロイーズカフェの承継のストーリーが、このホテルを受け継いだ自分の志と同じだと共鳴していただけたことでした。

かつて「料亭があった」という歴史上のストーリーをヒントに、新たなビジネス展開を仕掛けたTHE KANZASHI TOKYO ASAKUSAは、まさにストーリー戦略でブランディング確立をした成功例といえるでしょう。

エロイーズカフェ浅草店

創業者から生まれたストーリー

ブランド・ストーリーは、必ずしも歴史や文化、伝統ある建物がないと作れないというわけではありません。**ストーリーのタネは、皆さんのもっと近くに存在している可能性があるのです。**

これから紹介する3社は、創業者自身の趣味や、すぐそばにいる家族の悩みなどがきっかけで、商品を開発したり事業を始めたりしたユニークなストーリーをもつ企業です。

■GoPro（ゴープロ）

GoProは、小型のアクションカメラで有名なアメリカの企業です。

GoProブランドのカメラは、非常にコンパクトながら、高画質、強力な手ブレ補正、広角撮影などさまざまな機能が組み込まれており、耐久性・耐水性にも優れています。

バイクや自転車が好きな人、サーフィンやダイビングを楽しむ人、ユーチューバー、子どもがいる家庭など、プロのアスリートからアマチュアまで、世界中の幅広い層に人気があります。

創業者であるニック・ウッドマン氏はサーファーでもあり、高所から飛び降りたり、高速で雪山から滑り降りたりするエクストリームスポーツの愛好家で、写真や動画撮影を趣味としていました。しかし、自然のなかでのスポーツですから、波の動きに妨げられたり、被写体に近づけなかったりして、なかなか思うように撮影できませんでした。

プロカメラマンのような迫力あるシーンは到底撮れず、画質もイマイチ。良い機材を探してはみたものの、要望に叶うものは見つからなかったといいます。

そこでウッドマン氏は考えます。

「スポーツをしながらでも、きれいな写真や動画が撮れるカメラを自分で作ってしまおう！」

その発想から開発したのが「ＧｏＰｒｏ」でした。

名称の由来は、「プロフェッショナルなアングルで撮影できるカメラ」。２００５年に最初のプロダクトとなった35ミリタイプのカメラを発売後、次々と改良を重ね、現在は３Ｄ撮影が可能なビデオカメラ、ドローン、３６０度カメラなど、多種多様な商品が開発されています。

今やグローバル企業として成長を続けるＧｏＰｒｏが、「**自分のやりたいことがうまくできない**」**というありふれた悩みから始まった**というのは、何だか親近感が湧きますし、おもしろいなと思います。

■株式会社ＢＯＮＸ（ボンクス）

２０１４年に宮坂貴大氏が創業したＢＯＮＸもまた、趣味を起点にビジネスアイデアが誕生した企業です。

メインプロダクトは、独自開発のスマートフォンアプリ「ＢＯＮＸ」と専用イヤフォン「ＢＯＮＸ Ｇｒｉｐ」。この2つを組み合わせて使うことで、同じ製品を持つ複数の相手と無料でグループ通話ができるという、次世代型のコミュニケーションツールです。

同時通話は、個人利用の場合は10人まで、ビジネス利用の場合は30人まで可能です。後者は、主にオフィスやホテルなどで、従業員同士のコミュニケーションに使われており、２０２１年にはＡＮＡ（全日空輸株式会社）に約４０００台の「ＢＯＮＸ Ｇｒｉｐ」が導入されるなど、主要空港で働く多くの人たちに活用されています。

じつはこのサービス、スノーボーダーでもある宮坂氏が「雪山で仲間と滑りながら話したい」と考えたことを機に開発されました。

確かにスキーやスノーボードは、家族や友達などと大勢でワイワイ行くことが多いものの、ゲレンデで滑っている間は基本的に誰とも喋らず、１人で滑走を楽しむものです。そこに、もし「今日の雪、すごくいいね！」「おまえ、調子いいじゃん」「景色が最高～！」など、発見や感動をみんなで共有しながら滑ることができるツールがあったなら……。その楽しさは容易に想像できるでしょう。

「自分の好きなことをより楽しくする」を追求することから走り出したアイデアは、スノースポーツの新しい楽しみ方を提案するとともに、離れた場所にいる仲間同士をつなぐ、新たなコミュニケーション方法の提案にまで発展しました。

「好きなこと」「楽しいこと」が根底にあるストーリーは、多くの人に共感されやすく、ビジネスの強い原動力になると感じます。

■ｆｒｅｅｅ（フリー）株式会社

２０１２年に創業し、主に中小企業やベンチャー、個人事業主などに向けたクラウド型会計ソフト「ｆｒｅｅｅ」を提供するｆｒｅｅｅ株式会社。

ソフトの利用事業社数は１００万社を超え、クラウド会計ソフトではシェアナンバーワンとなっています。

現在は、会計だけでなく人事労務、税務申告、起業など、提供するサービスは多岐にわたります。

代表取締役の佐々木大輔氏は、会社創業までにさまざまなキャリアを経てきました。そのひとつ、ＣＦＯ（最高財務責任者）として所属していたスタートアップ企業で、佐々木氏はチームの経理担当者に目が留まりました。

事業がこれから大きくなろうとしている過渡期に、優秀で能力のあるメンバーが一日中数字の入力作業に追われている。その様子を見て、経理事務の大変さを実感し、またもどかしさも感じたといいます。

その後、Ｇｏｏｇｌｅに転職した佐々木氏は、中小企業向けマーケティングを担当。中小企業をＤＸで応援したいという思いを抱くとともに、かつてスタートアップ企業で感じたもどかしさを思い起こし、会計ソフト「ｆｒｅｅｅ」の開発に至ったのだそうです。

しかし、原点は、もっと前の幼少時代にありました。

佐々木氏の実家は美容院を営んでいます。美容師の母親が、仕事と子育てが一段落した後に、夜遅くまで帳簿付けで苦労している姿も間近で見ていました。「お母さんをもっと楽にさせてあげたい」という思いが、「経理業務を軽減できれば、個人経営者や経理担当者が楽になる」という発想につながったのです。

以上、３社のストーリーを簡単に紹介しました。

新規事業を立ち上げようとすると、つい「世の中の課題を解決したい」「社会の役に立ちたい」といった、大きなスケールを描きがちです。

何かすごいことを言わないと、顧客の心は動かないのではないかと考えてしまう気持ちはよくわかります。

しかし、これらのビジネスは「そばで困っている人を助けたい」という純粋な気持ちや、「自分の趣味をもっと楽しみたい」というごく身近な課題解決の意識から生まれています。

最近は、起業ブームのなかで「ペインポイントの解決」が流行り言葉のように言われますが、ペインポイント（顧客の悩みを解決する方法）は必ずしも新たに探る必要はないのです。


まずは、ご自身の生い立ちからこれまでに体験したこと、感じてきたことなどをひと通り見直してみてほしいと思います。

自分や家族、友人、同僚、部下、後輩……、**身近な場所や近しい人のなかで起きているペインであればあるほど、すでにあるプロダクトやサービスにはないオリジナリティにあふれたアイデア、ストーリーが眠っているはずです。**今、成功を遂げている企業を見ていると、そう感じずにはいられません。

星野リゾート「星のや」が追求する顧客満足度がすごい

次に紹介するのは、かの有名な「星野リゾート」です。「顧客体験価値（CX）ランキング2021」で第1位、2022年は丸亀正麺に続く第2位でしたが、ホテル業界ではダントツの1位です。ストーリー戦略の事例ではありませんが、**顧客満足度を上げるための徹底した取り組み**は、大いに学べると思います。

大正3年（1914年）に軽井沢の温泉旅館として創業し、100年以上の歴史をもつ星野リゾートは、「星のや」「リゾナーレ」「OMO（おも）」「界」「BEB（ベブ）」といった、コンセプトの異なる5つのサブブランドを展開し、国内外に50以上のリゾート施設を有します。

サブブランドで最も高い価格帯を誇る星のやは、「日本らしさ」や「圧倒的非日常」をコンセプトとし、新しいリゾートの形を提案した素晴らしいブランドだと思います。

「星のや」は現在、軽井沢、京都、竹富島、東京、沖縄、インドネシア・バリ、台湾・グーグァンの7カ所にありますが、その皮切りとなったのが2005年に開業した「星のや軽井沢」です。

1991年に5代目社長として就任した現社長・星野佳路氏は、着任当時から「星のや」開業に向けたプロジェクトを進めてきました。

慶應義塾大学卒業後、米国のコーネル大学ホテル経営学大学院で学び、海外のホテルにも精通している星野氏は、日本のホテルがどれも同じように欧米のホテルを真似たスタイルであることに疑問をもっていました。軽井沢に「星のや」を建てたとき、「欧米の影響を受けなかったらこういうホテルになっていたのではないかという宿を作りたかった」と話しています。

星のや第一号となったその建物は、日本家屋の伝統を生かした切妻屋根の家。水辺を囲むように集落が点在し、小さな橋や路地を配して、村の趣を感じられるように工夫しています。「都会にはない暗さを実感してもらいたい」と照明はできるだけ少なくし、星空が見えるようにしたということには驚かされます。こうした細やかな配慮は、欧米スタイルには見られない初めてのホテルでした。

そして、開業後も重視したのが、お客さんの声や顧客満足度の綿密な調査だったといいます。

調査結果は、顧客にとって、温泉の存在が最大の魅力であることを再認識させるものでした。一方で、時間の拘束が多いことや、ホスピタリティ（おもてなし）に不満をもっている顧客が少なくないことが明らかになったのです。

そこで星野氏は、調査で浮き上がってきた課題ごとに改善策を練り、星のやの宿泊スタイルについて検討を重ねました。そのひとつが、宿の都合による「時間拘束の見直し」です。

従来、温泉旅館はチェックインや食事の時間、料理などがあらかじめ決められているのが一般的です。しかしそれらは、客室の清掃、食事準備のためなど、「宿側の都合」であって、顧客のニーズとズレていました。特に現代は、忙しさに追われる人が多い時代です。仕事や家族の都合などで時間調整が難しい人もいるでしょう。また、せっかく旅行に来たのだから、好きなものを食べたいという人もいることでしょう。

そこで、チェックインや食事を24時間対応にした他、一泊朝食付きや食事なしプランを用意して施設外の食事も楽しめるようにするなど、これまでの旅館に慣習として根付いていた仕組みを排除し、宿での過ごし方にバリエーションをもたせたのです。

また、「圧倒的非日常」というコンセプトに沿って、**リゾート内から徹底的に日常性を排除**していきました。

お客さんは、旅行に来たときくらい日常生活から解放されたいのです。ですから、星のやの客室には日常を思い出させるようなテレビや時計がありません。そして、周りの景色をゆったりと楽しんでもらうために、宿泊客用の駐車場は旅館から離れた場所に設け、宿まではあえて専用車で送迎するといった徹底ぶりです。さらに「脱デジタル滞在」と銘打ち、チェックイン時にスマホやタブレットなどを預かるプログラムも提供しています。

これはまさに「圧倒的な非日常」といっていいでしょう。

こうした綿密なリサーチのもと生まれた星のやは、他にはない、唯一無二のリゾート地になりました。その結果、「高い料金を払ってでも一度は泊まってみたい」「また必ずここに来たい」という顧客が絶えない人気のブランドとなったのです。

星のや軽井沢

「水」を使ってブランド価値を高める

ブランドの価値を高める戦略として、地元に湧き出る「水」が重要な要素になっているケースは多いようです。

豊かな水資源をもつ大阪府島本町もそのひとつです。鎌倉時代から湧き続ける地下水を「離宮の水ブランド」と名付け、その水を使った杏仁豆腐や煮物などの特産品を開発しています。

また、熊本市は、水道水源すべてを地下水で賄う地下水都市で、なかでも水前寺江津湖は1日約40万トンの湧水量を誇り、市のシンボルになっています。熊本市には加藤清正が築城した熊本城を始め史跡も多く、名水を中心に、市をあげて熊本ブランドを作り上げ、訪れる人を満足させているのです。

このように、どこにでもある、**ただの水からでもブランド・ストーリーは作れます。**

現在、私が取り組んでいるウイスキー事業も、水を主軸としてブランドの確立を図っています。

昨今のジャパニーズウイスキーブームには目を見張るものがありますが、軽井沢にもかつて、蒸留所がありました。「軽井沢ウイスキーを知っている」という方は、かなりのウイスキー通だと思います。

惜しまれながら2012年に閉鎖した後、「もう二度と飲めない」というプレミア感も後押ししたのか、軽井沢蒸留所で作られた「軽井沢1960年」は、2015年のオークションで国産ウイスキーとして最高額の1本1334万円という破格値で落札されました。

私もその話題は知っていたものの、当時は特段気にかけていませんでした。

時は流れ、2016年、軽井沢青年会議所の理事長として活動していたときのことです。

清里（山梨県北杜市）で、「萌木の村」をはじめとするホテルやレストランを経営している船木上次氏から声をかけられました。船木氏は、リゾート開発のブームが去り、さびれていた清里を、本物のホスピタリティーと感動を与えることができる観光地にしようと精力的に活動している人です。

「土屋くん、どうして軽井沢でウイスキーを作らないの？」

突然の言葉に私が答えられずにいると、船木氏は続けて

「楽天市場で軽井沢のウイスキーを調べてごらんよ」

と言いました。

早速、船木氏に言われた通り、ウイスキーを検索してみると、驚くことに1000万円を超える値段がついていたのです。

世界でこんなにも評価されるウイスキーが軽井沢で作られていたなんて……！

私は大きな衝撃を受けました。

当時、青年会議所では、軽井沢の知名度を上げようと、世界会議の誘致活動を行っているときでした。

世界では、オリンピックの効果から「長野（ナガノ）」の地名はよく知られています

メルシャンウイスキー軽井沢

が、「カルイザワ」はほとんど知られていません。

船木氏の言葉にヒントを得て、「ウイスキーで軽井沢の知名度を上げられないか？」と考えた私は、プランを練ってみました。しかし、初期投資に最低4億円、事業化まで8年、という試算が出たのです。

とても自分たちの力では無理な話だ、と一度は断念しました。

しかしその後、大学院（ＭＢＡ）でファイナンスを学び、ウイスキーは投資商品として成り立つこと、そして出口戦略があれば投資家から資金を集めることができることがわかり、再び動き出しました。綿密な事業計画を立て、投資家たちを募り、彼らに説明をして回りました。

何としても**軽井沢ウイスキーを復活させて、別荘地「軽井沢」のブランド価値を向上させたい、という思い**からでした。


ウイスキーの原料は麦芽と酵母と水です。

なかでもいい水は欠かせません。

調べると、かつて、軽井沢蒸留所ではとある地区の浅間山の雪解け水が使用されていたことがわかりました。

手つかずの自然の山からもたらされる雪解け水は、ミネラルが豊富で、ウイスキーの味わいに深みを与えます。

そこで、雪解け水の水脈がある土地を、地主のお寺さんから購入し、そこに蒸留所の建設を予定しています。

「水分神社」という水を分かち与える神様がいることも、この地を選んだ大きなポイントでした。

当時と変わらず、とうとうと流れる雪解け水を使って蒸留、ブレンドされたウイスキー。

10年後、復活した軽井沢ウイスキーを口にするお客さんたちは、きっと、そんなストーリーにも思いをはせながら味わってくださることでしょう。

水分神社

第3章

心に響くストーリーの見つけ方

「三笠ホテルカレー」に見つけた歴史のストーリー

第2章では、ブランド・ストーリーの成功例を紹介しました。

では、多くの人を惹きつける魅力あるストーリーは、どのように見つけ、作っていけばいいのでしょうか。

本章では、その「ストーリーの見つけ方」を具体的に紹介していきます。

最初の事例は、「三笠ホテルカレー」です。

あるとき、軽井沢新聞社で、観光客の人たちに「軽井沢にどんなイメージをもっていますか?」というアンケートをとったことがありました。

すると、「ショッピング街である」という回答が最も多く、この結果に私は大きな衝撃を受けました。

「軽井沢といえば別荘地」と固く信じていた私と、観光客たちとの認識に、大きな乖離があったからです。

19世紀末から続く保養地で、早くから西洋文化が広まった軽井沢は、現在でも多くの人が避暑に訪れる由緒ある別荘地です。しかし、すでにそのイメージが薄れてしまっていることを知った私は、危機感すら感じました。

――これではいけない。軽井沢は宣教師や文化人たちの別荘地として発展してきたという事実を、観光の人たちに知ってもらわなければ……。

そこで、**軽井沢の歴史を調べていくうちにたどり着いたのが、三笠ホテルのストーリー**でした。

三笠ホテルは1970年に営業を終了しており、現存している建物は、国の重要文化財に指定されている歴史的建造物です。

明治35年（1902年）に創業した三笠ホテルは、かつて有島武郎や渋沢栄一など、

三笠ホテル晩餐会

多くの文化人や財界人が利用していたことから、「軽井沢の鹿鳴館」とも呼ばれていました。

実際、館内には別荘文化を示す象徴的な写真がいくつも残っており、別荘地として軽井沢を愛していた人たちの様子をうかがい知ることができます。

当時、三笠ホテルの食堂でＶＩＰたちが好んで食べていたメニューに、「西洋風カレー」がありました。

そのことを知った私は、このストーリーでカレーを復活させることを思いついたのです。

明治時代のＶＩＰと同じ体験をしてもらい、軽井沢が歴史ある別荘地であることを、観光客の皆さんをはじめ、別荘族の方、住民の方々に知ってもらいたいと考えました。

三笠ホテルカレーの復活プロジェクトは大成功でした。

「Ｂ級グルメ」ならぬ「Ｓ級グルメ」として、一時は日本全国から注文が殺到し、軽井沢で断トツの売り上げを誇るお土産となりました。

軽井沢は、三笠ホテルに限らず、歴史的ストーリーにあふれた街です。

「万平ホテル」は、1764年に旅籠の「亀屋」として始まったという大変古い歴史があります。

このホテルは、第1章で紹介した「離山房」と同じく、ジョン・レノンもよく訪れていたといいます。

ジョン・レノン直伝のロイヤルミルクティーがメニューとして存在しているというのですから、「一度は行ってみたい」と思う人は多いでしょう。

このように、多くの著名人が軽井沢で夏を過ごしていたという事実をはじめ、指定文化財が至るところにあるのが軽井沢です。

にもかかわらず、「ショッピング街」というイメージがついてしまっている……。

歴史と観光客の意識とのズレは軽井沢に限ったことではないでしょう。

人々が忘れかけている、本来その土地に根付いていた歴史や文化を掘り起こすことが、ストーリーを見つけるカギとなるのです。

三笠ホテルカレーとパッケージ

お店を構える「場所」のストーリーを探す

皆さんがお店や何かのサービスを展開するとき、真っ先に考えるのが「どこで始めるか」ではないでしょうか。

「店舗運営は立地で決まる」といわれます。

そして、一度決めた場所でビジネスを始めてしまえば、簡単に場所を変えることはできません。

ですから、その地域に他にどんな店が出店しているか、客層はどうか、などの市場調査を行うはずです。

店や商品独自のブランド・ストーリーを見つけるためにも、場所の選定は慎重になるべきだと考えています。

「でも、そんなストーリーがある場所といわれても、歴史なんて聞いたことないし」

という声が聞こえてきそうです。

しかし、考えてみてください。

軽井沢の住民ですら、軽井沢の歴史を知らない人ばかりです。あなたの地元やお店を展開している地域にも、知られていないストーリーが眠っていると思いませんか。その土地独自の歴史と文化が年月とともに積み重ねられているはずです。

ストーリーが何もない土地なんて、ないのです。

まずは、自分の興味のある分野から、その土地のことを調べてみることをお勧めします。

例えば、歴史的な建物や、地域に伝わるお祭り、伝統行事、食材などです。もしかしたら、意外に小さな古墳などの遺跡があるかもしれません。

興味のある分野であれば、調べることも、そんなに苦ではないでしょう。きっと、楽しみながらリサーチできるはずです。

インターネットは手軽ですが、できれば役所や観光協会など、公式情報をもつ団体からも話を聞くとよいでしょう。

「情報は足で稼ぐ」といわれますが、埋もれているストーリーはそう簡単には見つからない、というのが私の持論です。

図書館で雑誌や本を調べたり、実際に現地に足を運び、出掛けて行った先で出会った人たちから話を聞いたりすると、案外、思いもよらない情報が入ってくるものです。情報を集めているうちに、どんどんその場所に詳しくなり、自然と愛着も湧いてくることでしょう。そこまでくれば、あなたのブランドにマッチしたストーリーが見えてきます。

人の流れが多い場所、お客さんが来やすい場所といった、集客や利便性を第一に考えることも大事ですが、それだけではブランドは作れません。

地域のストーリーを、いかに自分のビジネスにのせられるか、という点を重視することで、ブランディングがしやすくなるはずです。

自身のバックボーンからストーリーを見つける

自分自身に焦点を当てることで、ストーリーを紡ぐ方法もあります。

例えば、**自分と地域との接点という視点**で考えてみましょう。

生まれ育った地元であれば、いちばんストーリーは見つけやすいと思いますが、移住して来た土地、結婚してやって来た土地、あるいは学生時代に住んでいた場所、親の地元、転勤で3年ほど仕事をした場所であっても、「自分×地域」というかけ算からストーリーを見つけることができます。少しでも縁があった土地は、やはり愛着があるからです。

経営者自身の人生から生まれるストーリーもあります。

東京都大田区は、町工場がたくさんあることで有名ですが、そのなかに「ダイヤ精

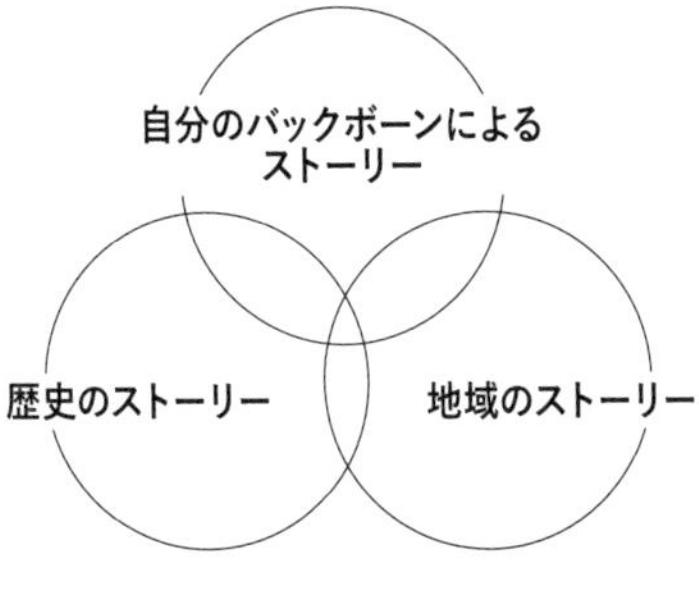

ブランドストーリーを構成する要素

機」という金属加工メーカーがあります。２００４年、創業者の社長が急逝すると、その後継者として、32歳だった長女の諏訪貴子氏が就任しました。

専業主婦からいきなり経営者となった諏訪氏に、就任直後から、嵐のような日々が待っていました。

当時、会社は慢性的な赤字が続いていました。メインバンクの支店長からは面前で「おまえが社長？　大丈夫なのか？」と言われ、身売り話を持ち掛けられる始末。売上不振の改善や社員のリストラなど、苦しい経営判断を強いられた諏訪氏でしたが、ひとつひとつの課題を社員とともに乗り越え、赤字続きだった町工場を再建したのです。見事な経営手腕を発揮した女性2代目社長として、政府の有識者会議のメンバーにも選ばれ、現在は国策への意見・提言を行う立場になっています。

このダイヤ精機のストーリーは『マチ工場のオンナ』と題してＮＨＫ総合でドラマ化され、大きな話題になったのをご存じの方もいるでしょう。困難を乗り越えた感動的なストーリーが、人々の大きな関心を呼んだのです。

失敗や挫折からの再起といったエピソードは、ストーリーになりやすい傾向があります。もし、皆さんがこういったエピソードをもっている場合、うまくブランディング戦略に活かしたいものです。

このように話すと、「私の人生はそんなに波乱万丈ではない」「感動的なエピソードなんて自分にはない」という人がいます。

しかし、本当にそうでしょうか。

人生30年、40年も生きていれば、たくさんの失敗や挫折、辛い経験があったはずです。逆に、嬉しかった成功体験だって、あるのではないでしょうか。それらの出来事や体験を起点にして、自分の人生を振り返ってみてください。

例えば、「子どもの頃、親が仕事で忙しくて、夕飯は独りで食べることが多かった」というせつない経験があるならば、「独りでも気軽に入れて、初対面のお客さんとおしゃべりしながら、安くて美味しいご飯が食べられる店が開きたかった」というストーリーがひとつ浮かんできます。

あなたが**これまでの人生で悩んできたことは、ストーリー戦略を考えるうえで大きな軸になる**可能性があるのです。

ブランドイメージを損なうストーリーに注意

ここまで、ストーリーの具体的な見つけ方について紹介してきましたが、ストーリーを考える際に、注意しなければならないことがあります。

それは、「伝えるべきストーリー」と「伝えなくていいストーリー」を正しくジャッジすることです。


私の知り合いで、ジャムの専門店を営んでいる社長がいます。地元の老舗のジャム屋で歴史もあり、いいストーリーのある会社でした。

ところがあるとき、自社のホームページに、製造を委託しているOEMメーカーの工場の写真と、次のような文言を掲載したのです。

「当社のジャムは徹底した衛生管理のもとで作られているため、安心してお買い求めいただけます」

確かに、ウェブサイトに書いてある通り、安心安全なジャムなのでしょう。しかし、消費者は、老舗のジャム屋に安心安全で衛生的であることを、わざわざ求めてはいません。今の時代、安心安全な製品を提供するのは当たり前のことです。

老舗のジャム屋に消費者が求めるのは、人のぬくもり、丁寧な物作り、こだわりの製法といった「手作り感」です。ホームページに掲載するべきは、創業者の苦労話やお店の変遷といった、１００年におよぶジャム屋としての物語であって、無機質な工場でロボットがラベルを貼っている写真ではないはずです。

おそらくこのホームページを見た消費者は、「なーんだ。手作りじゃなくて、ＯＥＭ工場で作っているんだ」と興ざめしたことでしょう。

この会社は、老舗のジャム屋が伝えるべきストーリーの選択を間違えてしまったのです。

しかし、工場での機械化が、必ずしもマイナスプロモーションになってしまうわけではありません。逆に機械の導入がブランド価値を高める場合もあります。

その良い例が、第1章で紹介した日本酒の「獺祭」です。獺祭は、徹底した品質管理を機械化することによって可能にし、「杜氏がいなくても美味しいお酒ができる」という斬新な価値を消費者に与えました。

機械化がどのように消費者に受け取られるのかは、業界や商品、発信のタイミングなどによっても異なってくるでしょう。ですから、**ストーリーの発信は、企業や自社商品がプラスにとらえられるよう、コントロールしなければならない**のです。

獺祭の機械化には業界の古い習わしを壊す革新という側面があり、しかも必要なところは惜しまず人の手を使うという信念がありました。

しかし、前述のジャム屋の工場には目新しさもなく、ともすれば「手を抜いている商品」と誤解されかねません。

ストーリーを伝える際には「ブランドのイメージを損なう情報になっていないか」「消費者に伝えるべき内容として正しいか」ということにも十分気を配る必要があります。

ストーリー戦略が機能しているか 〜5つの分析手法

自身のお店や商品、サービスをブランド化する際にはメディア活用は欠かせません。メディア活用をどう進めていくか、詳しくは第4章で語るとして、ここでは「作ったストーリーがきちんと機能しているか」を見極める5つの分析手法を紹介したいと思います。

1. そもそもストーリーがあるか

まず、ストーリー戦略を考えるうえでもっとも大事なのが「ストーリーがあるか」ということです。

私にも、ストーリーを作らず失敗してしまったビジネスがあります。それが「軽井沢コーヒーカンパニー」という店舗運営でした。

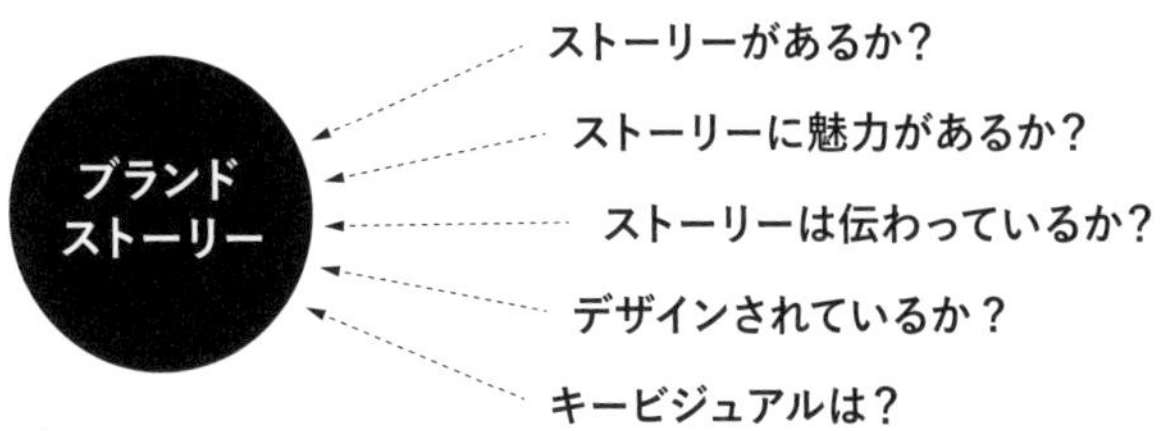

ブランドストーリー
ストーリーがあるか？
ストーリーに魅力があるか？
ストーリーは伝わっているか？
デザインされているか？
キービジュアルは？

ストーリー戦略5つの分析手法

コーヒー豆販売の専門店で、オリジナル焙煎の豆には「旧軽井沢ブレンド」という名前をつけました。味は確かで、カッコいいロゴも作ったものの、売れ行きは上がらなかったのです。

それもそのはず、ただそれらしい名前を付けただけで、ストーリーが何もない状態だったからです。ストーリーがないために、結局は熱心に通ってくれるファンを獲得できずに終わりました。

ストーリーがなく、独自のポジションを確立できないのは、店舗にとって致命的です。

そもそもお客さんに語れるだけのストーリーがあるか、チェックしてみてください。

ちなみに軽井沢コーヒーカンパニーは現在、共同創業者の板倉和之氏が経営を引き継ぎ、ブレンドや商品に自身のストーリーを加えてリニューアルし、焙煎所とコーヒースタンドを続けてくれています。

2. そのストーリーに魅力はあるか

次に重要なのが「そのストーリーに魅力があるか」という点です。

少し極端な例ですが、新しくラーメン屋をオープンした店主が考えた創業ストーリーが、こんな話だったらどうでしょう。

「前職はアパレル店員でした。5年間、毎日、長時間に及ぶ勤務が続き、短い休憩時間に食べていたカップラーメンが癒やしでした。その味を再現しました」

こんな話を聞いて、「この店のラーメン、ぜひ食べてみたい」と思うお客さんは一人もいないでしょう。むしろ、カップラーメンのチープなイメージ、化学調味料の体に悪いイメージをもたれてしまうに違いありません。

では、こんなストーリーならどうでしょう。

「私はラーメンが大好きで、年間200軒の食べ歩きを5年間続けました。1000杯のラーメンを食べた私が行き着いた味が、この1杯です」

これなら受ける印象が全然違ってくるのではないでしょうか。

ストーリーとして伝えるべき内容は、消費者がその商品に魅力を感じてくれるものにしなければなりません。**魅力を感じさせないストーリーは、マイナスプロモーションになってしまう**こともあるのです。

3. ストーリーは伝わっているか

日本には多くの老舗企業があり、100年企業の数は世界一です。なかには500年以上続いている企業もあります。

ところが、歴史のあるそれらの企業にはストーリーがたくさんあるはずなのに、消費者に伝わっていないことも多いのです。

日本の製造業が衰退していった原因のひとつは、せっかくの企業の歴史ストーリーを、伝えることを怠った結果ではないかと私は思っています。結果的に、外国企業との価格競争に巻き込まれ、日本は負けていきました。

当たり前のことですが、ストーリーは伝えようと努力しなければ、伝わるものではありません。**伝える努力をしているか、伝わる方法を知っているか**。それを企業側は真剣に考えなければならないのです。

せっかくストーリーがあっても、宣伝しなければ、ストーリーはないも同然、ストーリー戦略は機能しません。ですからストーリーは「作って終わり」ではなく、伝わるような努力を惜しまないことです。

4．デザインされているか

ストーリーを伝える際には、魅力が伝わる「デザイン」が不可欠です。ここでいうデザインとは、商品や企業のホームページ、ロゴや看板を含めた内外装、チラシやショップカードを指します。これらが**一貫性をもってデザインされていることで、ストーリーは伝わりやすくなります**。

「デザイン」というと、ゼロからオリジナルデザインを作ることだと思いがちですが、私は違うと思っています。デザイナーに、自分で考えたコンセプトやストーリーを語るだけでは、自分の希望通りのデザインはまず出てきません。

期待通りのものを作ってもらうためには、サンプルを提示するのがいいでしょう。「あの店のつくりがいい」「このチラシと同じ感じで」「ロゴはこのような雰囲気が好きだ」など、見本を準備したうえで、プロに依頼しましょう。

デザイナーは、デザインの方向性さえわかれば、ストーリーや背景から適切なデザインを提示してくれるはずです。間違っても、アマチュアの人に依頼してはいけません。

ホームページも、広告にまみれた無料のサービスを使わないでください。また、素人が下手に内装工事をするのもやめたほうがいいでしょう。

商品やサービスの顔ともいうべきホームページや内外装には、惜しみなく資金を投下するべきだと思います。

ストーリーの一貫性を崩さないためにも、デザイン関係は専門家に任せましょう。

5．キービジュアルにこだわっているか

「キービジュアル」とは、商品やお店などに、メインで使用されるビジュアルのことです。このキービジュアルは、消費者からもたれるイメージを決定づけるほど、重要な要素をもっています。

デザインがストーリーを伝えやすくするサイドメニューだとしたら、**キービジュアルはメインメニュー**のようなもの。ダイレクトにストーリーを語るものになります。

こだわったキービジュアルは、顧客を強く惹きつけます。

その成功例が、「軽井沢ホテルロンギングハウス」です。

撮影は、経験豊富なカメラマンとモデルをアサインし、青空が映える天候を選び、最高の条件で臨んだといいます。筆で描いたような白い雲も、一度見たら忘れられま

せん。

また、一般的にホテルの写真は、外観やエントランス、客室、食事を美しく見せるものがほとんどで、そこにはモデルは入りません。しかし、ロンギングハウスは「それではホテルの本当の良さが伝わらない」と、さりげなくモデルを入れたのです。ターゲットとして設定している年代のモデルを使うことで、「こういう人たちに来てほしい」というアピールにつながりました。

その結果、なんと売上が10倍に伸び、軽井沢の経営者の間で話題になりました。


以上、5つのポイントを紹介しました。

皆さんの事業や売り出したい商品に引き当てて、足りない要素は見直しを行い、ストーリー戦略を加速させてください。

4大マスメディアを意識したストーリー戦略を

なぜ、私がこれほどまでにストーリー戦略を重要視するのかというと、ブランディングのためであることはもちろん、もうひとつ理由があります。

それは、メディアの活用につなげるためです。**メディアの活用は、お店や商品にとって、ビジネスを大きく発展させる起爆剤になります**。

例えば、私が「三笠ホテルカレー」の復活プロジェクトを立ち上げたときも、これまでお伝えしてきたように、ストーリーを作り、ホームページを立ち上げ、「このカレーの歴史と、復活にどんな思いをもっているのか」を伝えました。

それと並行して、興味をもってくれそうなメディアに対して、プレスリリースを送り続けました。

プロジェクトを行う意義とストーリー、さらにはプロジェクトの概要が一目でわかるホームページがあった「三笠ホテルカレー復活プロジェクト」は、多くのメディアの目に留まりました。テレビ、雑誌と、さまざまな媒体で取り上げられ、地元のテレビ局から10回ほど受けた密着取材は、夕方のニュースで特集として10分以上放映されました。

インターネットで情報を得る時代になっても、やはり新聞、雑誌、テレビ、ラジオの4大マスメディアは社会的意義の大きい媒体です。それらで取り上げられたという事実は、信用を得るために非常に有効に働きます。

商品やサービスを売り込む際には、誰もが「願わくばメディアに取り上げてもらいたい」と思います。しかし、その大半が前述したストーリー戦略の5つのポイントを満たしておらず、残念ながらメディアの目に留まらないのです。

まずは5つのポイントをしっかり確立し、ブランドを作り込みましょう。それができたらプレスリリースへと進んでいきましょう。

続く第4章では、私自身が新聞社にいた経験をもとに、「どうすればメディアに取り上げてもらえるのか」、詳しく解説していきます。

三笠ホテル階段

第4章

メディアに取り上げられるための7つのポイント

SNSの強化より優先すべきことは何か

「自社のサービスや商品をメディアに取り上げてもらいたい」「テレビ局から取材されたい」と思っている店舗経営者、事業経営者は多いことでしょう。インターネット社会においても、マスメディアによる告知力、情報拡散力は強く、「テレビに出た」という信頼感は顧客にインパクトを与えるものだからです。

しかし、多くの経営者は誤った行動をとってしまっています。そのためにメディア露出の機会を逸している現実があります。

誤った行動とは、「SNSを強化すればメディアが取り上げてくれる」という誤解から、インスタグラムを始め、フェイスブック、ユーチューブなど複数のSNSアカウントを作り、情報を流すことです。数打ちゃ当たるで、どれかは消費者の目に留まり、消費者の間で話題になれば取材に来てくれるだろうというシナリオは、夢物語でしかありません。

確かに、テレビ局の人もSNSで話題になっている投稿はチェックしているようです。実際、SNS経由で個人に取材申し込みが来るケースもあります。しかし、それはフォロワー数が桁違いであるか、多くの人が投稿に反応する、いわゆる万バズ（ツイートが1万以上リツイートされるか「いいね」される）が起こった場合にしかありません。フォロワー数が1000や1万ほどの状態で、いくら投稿に力を入れても、ほとんど期待はできないでしょう。

「ではバズらせればいいではないか」と思うかもしれませんが、SNSで意図的に〝バズり〟を起こすことは、ほとんど不可能です。

メディアに取り上げられるような投稿は、「トレンド性の高いもの」「おもしろい現象」「ペット等のかわいさ重視のもの」「ウィットにとんだ発言」など、いくつかパターンがあります。このような型にハマればいいですが、たとえハマったところで万バズが達成できるかどうかはほとんど運の世界です。

SNSにある不安定さを理解せずに投稿を続けても、あなたの店や商品、サービスがメディアから注目されることはないと考えたほうがいいでしょう。

では、どうすれば確実にメディアへ情報を届けることができるのでしょうか。

それは、「プレスリリース」をうまく活用することです。

プレスリリースの大きなメリットは、「メディアに直接あなたの情報を伝えることができる」という点です。わざわざSNSを介す必要はないのです。

仮にプレスリリースがメディア担当者の目に留まり、そのメディアに取り上げられた場合、自社商品やサービスのことを全く知らない、一般の多くの人に伝えることが可能になります。

SNSでは情報はフォロワーにしか伝わりませんが、メディアは桁違いに大きな情報拡散力をもっています。新聞、雑誌、テレビ、ラジオの各メディアは、インターネット媒体やオウンドメディアももっていますから、拡散効果はより高いと思っていいでしょう。

メディアから発信された情報は、第三者のフィルターを通した信頼性の高い情報ですから、SNSとは受け取る側の信用度が全く違います。

SNSで情報発信したことで、顧客に「伝えた」「伝わった」気になっているのは、残念ながら単なる自己満足でしかありません。

メディアが見ている7つのポイント

プレスリリースは必ず作成すべきですが、もちろん、「プレスリリースを送ればメディアに採用してもらえる」というわけではありません。

メディアの規模にもよりますが、毎日、各メディアの元には数十通～数百通ものプレスリリースが届いているはずです。ライバルが多いなかで、あなたのプレスリリースを選んでもらうためにはどうしたらいいか。ここではメディアに採用される確率を上げるための「7つのポイント」を紹介します。

① 新規性

まずは「新規性」があるかどうかです。「日本初」「関東初出店」「新商品」など、これまでに存在していなかったもの、初めてのもの、という切り口は取り上げられやすい傾向にあります。

② 独自性

オリジナリティの高いものは、目に留まりやすいといえます。「地元特産のわさびを使ったソフトクリーム」「希少な品種のイチゴを使用したクレープ」「ドイツの有名店で修業してきたシェフの店」などです。

エロイーズカフェは、別荘地・軽井沢の歴史的建造物をリノベーションしてカフェにしましたが、この独自性をアピールして、メディアに取り上げられることができました。

③ 限定感

「震災で失われた地酒が復活」「1000本限定販売」といった、数量が限られているものも記事になりやすいといえます。他にも期間限定、女性限定イベント、年代限定のツアー、季節限定など「限定感」はさまざまなバリエーションが考えられます。

④ ナンバーワン

「○○ランキングで1位になりました」「グランプリで金賞を受賞」といった実績も目を引く要素です。「世間に認められた」という評価が信頼に値するからです。といってもなかなか1位をとるのは難しいこと。「世界ピザ大会で3位」「コンクールで5

位」だったとしても、「日本人で1位」あるいは「地域でナンバーワン」でもよいでしょう。受賞は重要なアピールポイントになります。

⑤　コラボレーション

コラボレーションは双方に実施するだけの価値がないと成立しない手法ですが、その分大きな効果があります。アニメ、漫画、キャラクターなど、コラボの選択肢はさまざまです。

ちなみにエロイーズカフェではVチューバーの名取さなさんとコラボカフェを展開したときは、通常の約2・5倍の売上がありました。コラボレーション企画は話題性があるため、メディアも積極的に取り上げる傾向にあります。

⑥　流行り（トレンド）

トレンド性の高さもプレスリリースには重要です。少し前に、朝食をホテルやレストランでいただくことが話題になり、軽井沢でもブームになりました。そのことを聞きつけた地元のタウン誌やローカルテレビ局が朝食特集を組み、ブームはさらに過熱しました。トレンドに合った商品やサービスを展開すると、メディアに取り上げられる可能性が高まります。

⑦ 地元紙への広告出稿

プレスリリースを広告出稿するという手もあります。地元のタウン誌やフリーペーパーへ出稿すると、記者とつながりができ、次に別のプレスリリースを出すときもスムーズに進む場合が多いのです。逆に記者のほうから「今度、情報番組でこういう企画があるのですが、どなたか紹介してくれませんか?」とか、「何かいいネタありますか?」などと聞かれるようになります。こうしたメディアとのリレーションは大きなメリットになるでしょう。

以上、7つのポイントを紹介しました。

7つ目の広告出稿に関して補足しますと、多くの人は「地域のフリーペーパーなんて影響力がない」と思っています。しかし、これは大きな間違いです。私の経験上、**大手の新聞、雑誌、テレビ局は地元紙を情報収集に使っている**ケースがほとんどです。「地元で話題の」という見出しがついている記事はまず間違いなく、地元紙から引っ張ってきた情報でしょう。もし①〜⑥の話題が自社の商品やサービスにない場合、広告出稿をするといいと思います。

採用率が上がるプレスリリースの書き方

プレスリリースの7つのポイントがわかったところで、どう書くべきかを検証していきましょう。

まず、覚えておいていただきたいのは、記者に読まれるプレスリリースは「**シンプルに、端的に書かれたものである**」ということです。プレスリリースに装飾や誇張した表現は一切不要です。

ところが、そうお伝えしても多くの方が「○○な美味しさ！」「こんなに便利！」といった過剰な表現を入れてしまいがちです。

しかし、思い出してみてください。プレスリリースを流す相手は、一般消費者ではありません。日々やってくる山のようなプレスリリースを眺め、ゴミの山から宝石を見つけ出すようにニュースの種を探している百戦錬磨の記者たちです。根拠のない誇張表現など、彼らの心には全く響きません。むしろ「内容のないことを隠そうとしているな」と思われ、逆効果になってしまう場合もあります。

プレスリリースで記者の心の琴線に触れ、興味をもってもらう一番有効な方法は、簡潔で事実のみを伝える文章なのです。

具体的には商品の内容説明、会社概要、連絡先をA4用紙1枚に、1000文字以内でまとめるようにします。短い文章にする理由は、相手に短時間で内容を理解してもらうためです。

なかでも意識したいのは「**見出し**」と「**会社概要**」です。

内容を一目で表すようなキャッチーな見出しを考えましょう。目安は25~30文字。これ以上長いと一目で理解することができません。端的な表現を心がけましょう。

意外かもしれませんが、特に中小企業や個人商店がプレスリリースを出す際に重要なのが「会社概要」です。

4大メディアの新聞・雑誌・テレビ・ラジオは情報の拡散力が高く、「正しい情報を流す」という社会的責任を負っています。そのため、もし記者が興味をもったとしても、プレスリリース元の会社に信用がなければ「やめておこう」という判断をされてしまいます。

「当社は信用に足る会社です」ということがしっかり伝わるよう、「創業○○年」「人気商品○○の発売元」「一流メーカーに30年勤めた○○が起業した会社」「資本金○千万円」等の情報をあえて書くようにしましょう。

このような書き方ができれば、間違いなく注目されるプレスリリースになるはずです。

実際に書いてみて、自分で「魅力がない」と感じた場合は、もっといい見出しはないか、簡潔にするあまり大事な言葉が削られていないかなど、もう一度考え直したほうがいいかもしれません。

次ページにエロイーズカフェオープンのプレスリリースを掲載しましたので、参考にしてください。

プレスリリースが出来上がったら、次に行うことは、「プレスリリースの配信」です。「今どきメールで流すんじゃないの？」と思われる方が多いと思いますが、残念ながらメールで送信するプレスリリースは相手に見られません。

報道関係者　各位

2015年4月22日
株式会社軽井沢総合研究所
代表取締役　土屋勇磨

日本初！吉村順三作品をリノベーションしたカフェが4月20日、軽井沢にオープン！

2015年4月20日（月）、軽井沢でも有数の高級別荘地でありながら、軽井沢駅や軽井沢・プリンスショッピングプラザからも近い南ヶ丘エリアに佇む吉村順三作品「ハーモニーハウス」のダイニング部分をリノベーションしたカフェがオープンいたしました。同建物を所有する一般社団法人青少年音楽協会（事務局：東京都港区、代表理事：三石精一、以下MFY）が、老朽化が進む建物の活用方法を模索していたところ、当社はそのポテンシャルと絶好のロケーションを活かしたカフェが最適だと判断し、プロジェクトがスタートしました。同建物の建築主であり、日本の音楽教育に生涯をささげたアメリカ人音楽教育家エロイーズ・カニングハム（１８９９－２０００）の名前から店名を「ELOISE's Cafe（エロイーズカフェ）」とし、軽井沢のさわやかな環境が最も感じられる朝を楽しんでもらいたい思いから、ポーチドエッグトーストやフレンチトーストなどの朝食メニューを中心としたフードメニューを提供します。珈琲は丸山珈琲の季節のブレンド、トーストには明治時代に宣教師から伝えられた製法で作られたパンを用意します。

■□■店舗情報■□■

■店名：ELOISE'sCafe（エロイーズカフェ）
■住所：〒389-0102　長野県北佐久郡軽井沢町軽井沢１０６７－９
※Google Mapで「軽井沢　ハーモニーハウス」で検索
■電話：050-5835-0554
■営業時間：8:00-15:00(L.O.)　※4月～10月まで営業（期間中は無休）
■席数：18席

【本件についてのお問い合わせ先】
株式会社軽井沢総合研究所　担当　佐野・土屋
TEL：050-5835-0554　E-mail：info@kri-inc.co.jp

■□■参考資料■□■

【ハーモニーハウス】

南側は格式高い軽井沢ゴルフクラブに面し、軽井沢駅や軽井沢プリンスショッピングプラザからも徒歩圏内に位置。モダニズム建築の巨匠・吉村順三（１９０８年〜１９９７年）が、アメリカ人音楽教育家エロイーズ・カニングハム氏の依頼によって１９８３年に建築した軽井沢の歴史的建造物。約３０年の間、音楽を愛する青少年のための合宿施設兼音楽ホールとして利用されてきましたが、近年は老朽化が進みMFYがその活用方法を模索していました。


【吉村順三（１９０８年〜１９９７年）】

１９３１年、東京美術学校（現　東京芸術大学）を卒業後、アントニン・レイモンドに師事。モダニズム建築を学びながらレイモンドに日本建築を伝えました。１９４１年、吉村順三設計事務所を開設。以降、国内外を問わず数々の作品を設計。軽井沢にも多くの別荘を建築し、自らの別荘として軽井沢に建てた吉村山荘も有名です。主な作品として奈良国立博物館新館や八ヶ岳高原音楽堂が有名。文化功労賞、勲二等瑞宝章などを受章。


【エロイーズ・カニングハム（１８９９年〜２０００年）】

アメリカ合衆国ペンシルベニア州出身。宣教師の父親と共に2歳の時に来日。日本の子どもたちに本格的なオーケストラの音楽を鑑賞させようと、戦前から音楽教育に力を入れてきた音楽教育家です。１９３９年にMFYを設立。宣教師として成功した両親から譲り受けた旧軽井沢の別荘地を売却、１９８３年に私財を投じて音楽を愛する若者の研修施設兼音楽ホールとしてハーモニーハウスを建立しました。１９８７年に勲四等瑞宝章を受章、１９９９年の１００歳祝賀・青少年音楽協会６０周年記念シンフォニーコンサート（日比谷公会堂）の翌年、西麻布の自宅にて生涯の幕を閉じました。

前述したように、プレスリリースは1日に数十件〜数百件も送られてくるものです。すべてチェックするほどメディアサイドの人間は暇ではありません。

では、せっかく書いたプレスリリースを「迷惑メール行き」にしないためにはどうすればいいのでしょうか。

大きく分けて2つの方法があります。

1つは、FAXで送信することです。FAXのメリットは、相手に届いた時点で「必ず目にする」という点です。メールや郵便は、開ける手間がありますが、FAXにはそれがありません。効率よく相手に情報を届けることができるのです。

もう1つは、プレスリリースの配信サイトに登録することです。「バリュープレス」や「アットプレス」「PRTIMES」など、大手配信サイトが確実です。配信サイトはネットメディアに対して大きな告知効果があります。ECサイトでの取り組みなど、地域を問わないリリース内容の場合は、配信サイトを利用するといいでしょう。

自社がもっているストーリーやトピックを、より広く深く伝えるのがプレスリリースの役割です。**配信方法にも気を配り、「相手に届ける」ことを意識する**ようにしましょう。

メディアは「初めての情報」を求めている

プレスリリースに関する知識が高まって「すぐにでも書きたい！」と思っている方もいることでしょうが、はやる気持ちを抑えてもう1つ、大事なことをお伝えします。

プレスリリースは、まだSNSやネットメディアにも出していない情報を出すことが大前提です。

つまり、メディア側には**「初めての情報」を出すことがとても重要**です。

それはなぜかというと、明確な理由があります。

メディアはいつでも目新しい情報を求めています。さらにいえば、「まだどこにも出回っていない情報をうちが一番に出したい」と思っています。SNS等ですでに発信している情報には、価値も魅力もないのです。ですから発信する順序を間違えてはいけません。ベストな順番は、以下のとおりです。

1　プレスリリースを配信

2　メディアが取り上げる

3　その記事をSNSでシェアする

では、具体的に拡散の事例を見ていきたいと思います。

①　ヤフー・トピックス→SNSシェア

もっとも拡散力が高いのが、プレスリリースが「ヤフー・トピックス」に取り上げられ、それをSNSでシェアする、というパターンでしょう。

SNSと連動することを考えると、インターネットメディアに取り上げられることは大きなメリットがあります。

なかでも代表的なニュースサイトであるヤフー・トピックスは、月間200億以上のPV数を誇る巨大メディアです。新聞社、雑誌、ネットメディアなど約600のメディアから1日約6000本の記事が寄せられるのだそうです。そのなかから編集者が世の中に届けるべき、と判断した約100本が「トピックス」として掲載されるため、かなり狭き門ではありますが、可能な限りヤフー・トピックスに入るようなプレスリリースを目指したいものです。

ヤフー・トピックスで取り上げられれば、多くはヤフー・ニュースにも掲載されます。そして、掲載されたタイミングで「ヤフー・ニュースで紹介されました」とSNSでシェアするのです。

メディアに取り上げられたものをSNSで紹介すれば、「単なる自己満足の投稿」ととらえられることはありません。

第三者が自社のビジネスを認めた、という正当性にもつながるため、消費者に与える効果は段違いに大きいのです。

ちなみに、ヤフーのようなインターネットメディアのメリットは、掲載場所に明確な制限がないことです。

新聞や雑誌は紙面（誌面）に制限がありますし、テレビやラジオは時間に制限があるため、取り上げる数には自ずと限界があります。ところがインターネットメディアはこうした制限が基本的にはありません。つまり、担当者が「多くの人に興味をもってもらえそうだ」と判断すれば、取り上げられる可能性はマスメディアよりも高くなります。

②　地元メディア→全国紙（誌）→テレビ番組→SNSシェア

地方でビジネスを展開している場合、もっと地元メディアを活用すべきだと思っています。全国ネット局や全国紙に取り上げられれば、確かに大きな訴求力になります。しかし、当然ながら膨大なライバルたちがいるため、取り上げられる確率は格段に低くなるでしょう。

それに比べ、地元のテレビ局や地方紙は、その地域の記事が大半を占めます。競争相手が少なく、採用される可能性も飛躍的に高くなります。また、先ほども少し書きましたが、全国ネット局や全国紙の記者たちも、ローカルテレビ局や地方紙から情報を得ていることが多いのです。

地元のメディアで取り上げられ、それを見た全国区のメディアが採用した、ということも決して珍しくありません。

私がエロイーズカフェの八ヶ岳店を手がけたとき、プレスリリースを各メディアに送ったところ、オープン時に多くの地元メディアが取り上げました。「軽井沢で人気のカフェがオープン」という話題性と、「地元食材とコラボレーション」という2つの要素があったからです。

特に、山梨県で米農家を営んでいる知人の米を使い、「地元のお米を使用」とうたったことで、地元メディアからの反応も上々でした。

地元メディアに掲載され、それが全国紙や全国ネットに取り上げられれば大成功です。SNSでシェアすれば、さらに認知が広がるでしょう。

③ クラウドファンディング→プレスリリース→SNSシェア

少し変化球のアプローチも紹介します。

クラウドファンディングは資金調達の手段だと考えられていますが、じつはメディアとして活用することもできます。私は以前、「三笠ホテルカレーのリニューアル」でクラウドファンディングを利用し、成功した経験があります。

といっても、クラウドファンディングをメディアとして活用するのは限定的ですから、友人・知人にお知らせする機会ととらえるべきでしょう。

ではなぜクラウドファンディングを使うのかというと、プレスリリースとは違う特長を2つもっているからです。

1つは、A4用紙1枚のプレスリリースと異なり、クラウドファンディングサイトでは、写真や動画をアップすることができます。サイトにアクセスする人は、すでにこのプロジェクトに興味をもってくれている方々なので、長文であってもしっかり読んでくれます。つまり、詳細なストーリーを伝えるのに、非常に適した場所なのです。

もう1つが、「身近な人たちに自分のビジネスを伝えやすい」という点があります。身近な人だからこそ、直接的に「出資してもらえない？」とは言いづらいものですが、「クラウドファンディングをすることにしたので、よかったらサイトを見てください」ということであれば、言いやすいのではないでしょうか。相手が興味をもってくれたら、「じゃあぜひ一口乗ってください」という会話もしやすくなるでしょう。

クラウドファンディングを行うこと自体をプレスリリースにして発信すれば、4大メディアに取り上げられる可能性もあります。

プレスリリースがうまくメディアで取り上げられたなら、それをSNSでも発信する。そんなふうに情報をつなげていくことで、クラウドファンディングの達成率も上がりやすくなるでしょう。

④　ユーチューバーとのコラボ→メディア→SNSシェア

ユーチューバーやVチューバーとのコラボレーションはメディアに取り上げられやすいと前述しましたが、その際には地元に根ざしたチャンネルを展開しているユーチューバーとのコラボレーションがお勧めです。

自分でオリジナルの動画を情報発信しようとすると、どうしても動画作成のためのコストがかかります。仮に時間とコストをかけて作ったとしても、単発の動画ではほとんど誰の目に留まりません。

そこでキーとなるのが地元で活動しているユーチューバーです。彼らはチャンネル登録者を増やすために定期的に配信する必要があり、常にネタを探しています。あなたが宣伝したいものを、動画コンテンツの1つとして提供することで、彼らに紹介してもらうことができます。

公開された動画はもちろんSNSでシェアしましょう。個人とはいえ、第三者が入ることでメディアに取り上げられるのと近い効果も期待できますし、こちらのフォロワーがユーチューブチャンネルの登録者になるかもしれません。ユーチューバーがメリットを享受できれば、定期的な情報発信も期待できます。

プレスリリースに付加価値をつける

メディアに告知する方法として、記者会見やメディア発表会も有効です。

記者会見や発表会を行う意義は、プレスリリースで内容と共に開催概要を発信し、メディアの記者たちに一斉に情報を伝えられる点にあります。可能であればプレスリリースと合わせてこうした場を設けるといいでしょう。

特別な場を用意するのは敷居が高いと思われるかもしれませんが、そんなことはありません。場所と時間を決めさえすれば、誰でも開催することができます。

そして、せっかく発表の場を設けるならば、付加価値をつけるといいと思います。

例えば飲食店の開店にあわせてプレスリリースを打つなら、プレオープンに記者たちを招待して試食してもらってもいいでしょう。何かの企画イベントのプレスリリースであればメディア招待デーを作って実際に体験してもらったり、自社商品を知ってもらいたいのであれば、発表会の場で試用品を配ったりすれば、記者の心を動かし、「記事に載せてあげたいな」と思わせるきっかけになるのです。

私が「あさが来たゆかりのプライベートツアー」を立ち上げたときには、軽井沢の別荘地を案内するプレツアーを企画して記者の方々を無料でご招待しました。そのなかに地方のテレビ局の記者が来られていて、当日の夕方のニュースで放映していただきました。プレスリリースを流すだけよりも手間も、費用もかかりますが、他との差別化ができ、より記事の掲載確率が高まります。

記者会見や発表会は、対面で記者の方たちとお会いできる機会にもなります。名刺交換をすれば、次回からプレスリリースを流す際は、個人宛のメールアドレスに送信することができます。これは、FAXよりも大きな効果が見込めます。メディアに掲載されるには、人間関係も大事です。

とはいえ毎回、このような場を創出するのは大変です。ですから、「新規開店」や「○周年記念」といったような、「ここは外せない」「チャンスにしたい」というタイミングに力を注ぎ、開催するといいでしょう。

本気でブランドを作るならSNSに頼るな

ＳＮＳの使い方について、もうひとつお伝えしたいことがあります。

それは、あなたのお店や商品、サービスの「ブランディングのためにＳＮＳを使う」のはやめたほうがいい、ということです。

ＳＮＳでお得な商品を告知したり、日常の活動の様子を発信したりすれば、フォロワーには歓迎されるでしょう。ビジネスが動いていることを示すことにもなりますので、日々の投稿は行ったほうがいいと思います。しかし、**SNSはブランディングには適しません**。

アカウントを作ったばかりの頃は、相互フォローしたり、関係のありそうなアカウントをフォローしたりして投稿を続けるものの、日常ではなかなか大きな変化はありませんので、話題（ネタ）を見つけるのも大変です。そうなれば投稿も滞りがちになり、気づけばSNS担当者のプライベート感あふれる投稿になってしまうこともあるでしょう。もちろん、個人的なことを書くのがブランディング戦略の一環であれば問題はありません。しかし、次第にブランディングのために描いたストーリーや、目指していたブランドのイメージにマッチしなくなってしまいます。これでは、ブランド力を上げるどころかマイナスプロモーションとなってしまうでしょう。

もともとSNSは、媒体側が決めたフレームのなかでしか投稿できません。アップする写真や記事のクオリティを保つには、それなりの機材やコツが必要だったり、業者に頼んだりする必要がありますので、継続が難しいのです。

もし皆さんが本気でブランドを作りたいなら、極端な話、SNSはやらないほうがいいとすら思います。SNSは付帯的なもの、日常報告をするためだけのもの、と切り離してもいいくらいです。

それよりも、メディアに取り上げてもらうためにはどうすればいいか、**メディアが飛びつきやすい話題は何かを考えるほうが先**です。メディアに掲載されたら、そこで初めてSNSの強みを最大限に発揮することができるのです。

第5章

ブランディングの落とし穴

一貫性がなくなるとブランドが一気に崩れていく

ブランディングは一朝一夕にはできませんので、簡単ではありません。ブランド作りに失敗する原因を探っていくと、いくつかのパターンが見えてきます。

本章では、ブランディングの落とし穴について解説していきます。

まず、ブランディングには「一貫性」が不可欠です。ブランド・ストーリーに基づいたコンセプト、ロゴや看板、内装、外装、ホームページなどが一貫していることが大前提です。しかし、日常業務や目先の売上に追われていると、一貫性が失われてしまう傾向があります。

例えば、当初は自分が開発した「油こってりのラーメン」で勝負していたのに、売上の低迷からその味を放り出して、激辛ラーメンや海鮮系ラーメンにシフトしてしまうようでは、とても一貫性があるとはいえません。

一貫性は、意識していなければすぐに失われてしまうものなのです。

私が中古外車の販売会社のコンサルタントをしていたとき、そこの社長が「安くて売れそうだから」と国産中古車の販売も始めようとしたことがありました。

想像してみてください。

お客さんが「１００万円で中古のベンツ買いたい」と思って来店されたときに、隣に国産の古びた10万円の軽自動車が展示してあったら……。ベンツを買う気が失せてしまうのではないでしょうか。

軽自動車はそれなりに売れるかもしれません。しかし、間違いなく外車の売上は下がっていくことは目に見えています。私がすぐに「国産車の販売は外車のブランドイメージから離れるため、やめたほうがいいですよ」と社長に進言したのは、言うまでもありません。

一貫性の崩壊は、売上が低迷したときにしばしば起こります。このときが一貫性を失ってしまう「危険な時期」といってもいいでしょう。

まだブランドが確立していないにもかかわらず、**一貫性を自ら崩してしまうと、既存のお客さんを通して築き上げてきた信頼も、ブランドイメージも一気に崩れてしまいます**。そうなればブランド力は落ち、比例して売上もさらに低下していきます。ぜひ気をつけていただきたいものです。

また、こんな経験もありました。

あるとき、エロイーズカフェ川崎ラチッタデッラ店の店長から「コーヒー1杯350円がお客様から高いと言われてしまいます。他のメニューも高めなので、手頃な価格のパスタのランチプレートやピザを出したい」と言われました。

おそらく、「川崎のお客さんには軽井沢店に準ずるメニューは高過ぎるから支持されない。もっと安いメニューを加えたい」というのが店長の考えなのでしょう。

そのとき、私は店長に一貫性が大事だという話をし、パスタやランチプレートはやめるように説得しました。また、店をリニューアルするときに、逆に一部のメニューの値上げに踏み切りました。

そしてコーヒー1杯350円を500円に値上げしたところ、「高いと言ってくるお客様がいなくなりました」と言うのです。そもそもコーヒー1杯500円が高いと思う人は入店してきません。少し落ち着いた層の人たちが利用するようになり、口コミも改善され売り上げも1・5倍に増えました。

これが一貫性の生み出す効果なのです。

その一方で、「意外性」によってブランド価値を高めることに成功する企業もあります。

近年増えているハイブランドと日本のマンガのコラボレーションがこれに当たるでしょう。『ドラえもん』とグッチ、『ジョジョの奇妙な冒険』とブルガリ、ドルチェ＆ガッバーナと『呪術廻戦』などは、ファッションアイテムとのコラボレーションで、お互いに価値を高めたといっていいでしょう。

「一貫性の欠如」と間違われがちな「意外性」ですが、**ブランドの世界観が確立していれば、一見一貫性がないように見える企画もブランドの一環としてとらえられ、新たな魅力や新規顧客の開拓につながっていく**のです。

伝えなくていいストーリーもある

ブランディングをしていくなかで気をつけなければならないのは、「伝えるべきではないストーリー」をお客さんに伝えてしまうことです。

例えば、こだわりのコーヒーを出している素敵なカフェの店長が、「僕は昔から缶コーヒーが好きで毎日飲んでいます」と公言していたら、皆さんはどのような印象をもちますか？　どんなに美味しいコーヒーを焙煎して提供していたとしても、もう特別な魅力を感じることはできないでしょう。もちろんカフェの店長が何を飲むかは自由ですし、店長が飲む缶コーヒーが、こだわりのコーヒーにたとえ良い影響を与えていたとしても、お客さんはそんなバックボーンを知りたいとは思いません。

「大量生産される缶コーヒーは130円ほどで買える手軽なもの。それを愛飲しているなんて、本当はコーヒーの美味しさがわかっていないんじゃないかしら……」と思わせてしまうかもしれません。これでは、お客さんのなかで加点されないどころか大幅な減点になってしまうことでしょう。

第3章で述べた老舗のジャム屋さんも同様です。今の時代、ジャムの製造をすべて手作りで行うのは非効率ですから、工場で生産することに何ら問題はありません。しかし、だからといって無機質なOEM先の工場をSNSの投稿で誇らしげに見せてしまっては、消費者をがっかりさせてしまいます。

こういったマイナスのプロモーションを行ってしまうのは、自分のビジネスに没頭し過ぎて周りが見えなくなっていることに原因があると思います。

顧客の視点、競合他社の動向、社会全体の動きなど、ビジネスを展開するうえで意識するべきことがあるにもかかわらず、日々の売上に一喜一憂していると、こうした「出すべきでない情報」まで、何かプラスになるように錯覚してしまうのです。

お客さんは、お店や商品のブランドに対して**「期待を裏切らないでほしい」**という心理をもっています。こうした心理を読み違えることのないよう、伝えるべきストーリーと、伝えなくてもいいストーリーをしっかり区別することが大切です。

自作のホームページは絶対にNG！

ブランディングにおいて、ホームページが重要であることは、すでにお伝えしました。

ホームページの完成度は、ビジネスの成功に直結します。

紙媒体は紙面（誌面）の制約があり、実際に手にした人にしか伝えることができません。しかし、ホームページは誰でもいつでもアクセスができ、投稿内容も自由なため、ブランド・ストーリーを余すことなく伝えることができます。

ホームページにはデザイン性の高さも必須ですが、ＳＥＯ対策や回遊性の向上といったウェブサイトの作り込みも大事になってきます。

こうしたノウハウはやはり、専門業者が持ち合わせています。

プロに頼んで、しっかりした機能とデザインを備えたものを用意しましょう。コストを気にして自作するのは絶対にＮＧです。

そして、定期的に内容を見直し、写真の入れ替えなどを行って、常に訪れた人を出迎える状態にしておくことが重要です。


ホームページを作ってもなかなか集客に結びつかないと、「ブログのほうが有効かもしれない」と思ってしまう人がいますが、これは誤った考え方です。

ホームページを見るのはエンドユーザーだけではありません。取引先などのステークホルダーやメディア関係者も訪れる場所です。

特に、中小企業や個人事業の場合は、ホームページの充実度によって相手に与える信頼度も大きく変わってきます。


また、プレスリリースを流した後に、担当記者がまず確認するのがホームページです。ですから、ブログしかない状態では、メディアに取り上げられる可能性は、ほぼないと思ったほうがよいでしょう。

ＳＮＳ時代の到来で、会社の公式ページがインスタグラムだけ、あるいはフェイスブックだけという企業もありますが、これでは、はなから「メディア対応はしません」と言っているようなものです。

ホームページを充実させてもなかなか集客に結びつかない場合は、もしかしたらホームページが悪いのではなく、ブランディングができていないのかもしれません。

これまでお伝えしてきたように、ブランディングの基本はストーリーです。ストーリーによって自社の商品やサービスの唯一無二性がうたえていれば、必ず集客に反映されます。

もう一度ストーリーに立ち返り、見直しをする必要がありそうです。

お客さんは「お金儲けのにおい」に敏感

どんなビジネスも、売上を上げて収益を得るという目的をもっています。当然、それは商品やサービスを提供される側の消費者も承知のうえのことです。

しかし、露骨に利益のためとわかるような言動を取ると、お客さんは「お金儲けのにおい」を敏感に察知して、離れていってしまいます。

「自分のことをお金としか見ていないのではないか」「自分のことを大事に扱ってくれていないな」という思いを抱かせてしまったら最後、お客さんは二度とその店に足を運ぶことはないでしょう。

私にも、残念な体験があります。

昔、軽井沢にいきつけのスナックがありました。マスターとも仲が良く、付き合いは10年近くのなじみの店でした。私はよくウイスキーを飲んでいたので、ボトルキープをしていました。

ある日のことです。いつものようにスナックに入って席につくと、グラスのサイズが大きくなっていることに気付きました。

それだけではありません。私が少し口をつけるたびに、そばにいる店員の女の子がすぐになみなみとウイスキーを注ぐのです。違和感を覚えながらも、つぎ足されたウイスキーを飲んでいるうちに、私は「そうか」と確信したのです。

スナックから帰るとき、私はいつもタクシーを使っていたのですが、タクシーが来るタイミングによってはグラスのウイスキーを残して帰ることになります。当然、飲み残しが多くなればボトルの回転は速くなります。

——ボトルを早く空けるためにこんなことをしているんだな。よりによって、長年通ってきた自分にそんなことをするなんて……。

非常にショックでした。

それ以来、もうそのスナックは行かなくなってしまいました。

こうした対応は、「お客様＝お金です」と言っているようなもの。そんなことは、絶対にお客さんに感じさせてはいけません。

どんなときも、「お客様＝ファンである」ということを、まず自分たちがきちんと認識する必要があるのではないでしょうか。

しかし、それだけでお客さんの心をつかむことはできません。

たびたびエロイーズカフェの事例で恐縮ですが、お客さんがファンでいてくださるひとつのヒントが「社会貢献」にあると私は考えています。

いったいどういうことなのか、詳しく紹介します。


前述してきたように、エロイーズカフェのメニューは決して安い値段設定ではありません。しかし、たくさんの人が、全国からわざわざ軽井沢まで訪ねてきます。

なぜなのでしょうか。私はその答えを、お客さんのＳＮＳへの書き込みによって発見することができました。

そこにはこんなふうに書かれていたのです。

「ここで食事をすることがこの建物の維持につながるんだと思うと、すごくいいことをしている気分になります」

つまり、エロイーズカフェでひと時を過ごし、食事代を払うことがこの建物の保存・維持につながる、ひいては地域貢献・社会貢献につながっているとお客さんが認識してくださっているのです。

単にお金を支払うだけではない付加価値に、お客さんが惹かれてやってくるのです。美味しい店はいくらでもありますから、ただ「美味しい」だけではファンにはなってくれません。

昨今、コロナ禍や戦争などの影響からか、「社会貢献をしたい」という熱が世間的に高まっています。そんななかで、お金儲けのにおいをさせてしまっては、世間の流れに逆行していることになります。

今後、ブランディングには「社会貢献」がカギになることは間違いありません。

知人・友人に外注すると失敗する

ビジネスをスタートさせるときには、店舗ならば内外装の工事、原材料の仕入れルートの確保など、行うことは山ほどあるため、協力者の存在が不可欠です。しかし、協力者に仕事を依頼する際に、陥りがちな失敗パターンがあります。

1つは、「友人・知人に依頼する」というケースです。

例えば、「ウェブサイトの原稿は友人のライターに頼もう」「同級生が電気工事屋だから、彼に依頼しよう」と、知り合いや伝手を当たるケースが往々にしてあります。価格交渉はもちろん、自分の思い通りにやってもらえるだろう、という目論見があるからに違いありません。

しかし、**友人や知人がその道のプロフェッショナルである場合を除き、依頼しないほうがいい**でしょう。お互い、知り合いだとどうしても甘えが出てしまいますし、プロとしての手腕の見定めができないからです。

着手してから、「依頼したけれど、じつは飲食業界についてほとんど知らず、経験もなかった」とか、「知り合いに紹介されて頼んだけれど、望んでいたクオリティに対して力不足だった」と気づいても後の祭りです。


そしてもう1つは、とにかく安く仕上げた結果、品質の悪いモノができあがるというパターンです。

飲食店を開業する場合、初期投資は少ないほうが早く回収できるため、「なるべく安く済ませよう」と思いがちです。

しかし、価格面だけで業者を選んでしまうと、思い描いていたクオリティに到底及ばない場合があります。

低品質の資材を使われてしまったり、人件費を十分にとれず納期遅れが発生してしまったりするリスクもあるため、あまりに安い業者は注意が必要です。

私が川崎の商業施設ラチッタデッラにエロイーズカフェを出店するときに失敗したのは、まさにこの2つのパターンでした。

内装工事を同級生の建設会社にお願いし、安く請けてくれたのはよかったのですが、手が足りないところは同級生自身が現場に入って対応していたのです。スケジュールも人員もギリギリの体制で進めた結果、工期が大幅に延びてしまい、直前になってオープン予定日に完成しないことが発覚しました。

結局、内装がすべて完成したのは、オープンからなんと2カ月も後でした。

こうした遅れがプレスリリースにも響き、メディアに掲載してもらいやすい「新店オープン」という絶好のタイミングを逃してしまったのです。

せっかくこれからブランディングしていこうというときに、楽だからと安易に友人・知人に頼んだり、安さだけで業者を選んだりしてしまうと、かえって初期投資の回収に時間がかかってしまいます。

やはり初めが肝心なのです。

商品名やロゴが決まったら即「商標登録」

ブランディングの成功には、魅力的なストーリーが必須であることはお伝えしてきたとおりですが、当然、お店や商品の顔となる「ロゴ」も重要な要素です。

おそらく皆さんも、お店の名前や商品名を考えるのに相当な時間をかけ、力を入れてロゴを制作された経験があるかもしれません。

そうして時間とお金をかけて作った商品名やロゴは、真っ先に「商標登録」することをお勧めします。

その理由は、ブランディングに成功してブランドが確立されたときに、万が一第三者からロゴなり社名なりの商標権を取られてしまうと、ブランドとして成立しなくなってしまう危険性があるからです。

商標登録は早い者勝ちで、先に出願した者に登録が認められます。たとえ何年も前から商品名やロゴを使っていたとしても、先に他の人に出願・登録されてしまえば、そのロゴを使用できなくなってしまう、という事態が起こり得るのです。

以前、「阪神優勝」の商標を、２００２年に阪神タイガースとは関係のない千葉県の男性が商標登録していたことが話題になりました。男性は、「阪神優勝」のロゴ入りTシャツなどを販売していたそうです。これに対し、阪神球団側は「公認グッズと誤認されるおそれがある」として特許庁に商標登録無効を求め、認められましたが、商標登録をめぐるトラブルは後を絶ちません。

特に、中国の企業が人気の高い日本製品やブランドを抜け駆け出願（冒認出願）し、もめるケースが多発しているため、特許庁が対策マニュアルを作成しているほどです。

私は「三笠ホテルカレー」も「エロイーズカフェ」も、現在、手掛けているウイスキー事業もすべて、まず**ロゴイメージを先行してデザインし、真っ先に商標登録の申請**をしました。

商標登録には、主なものとして「文字商標」と「図形商標」があります。図形商標のほうが登録しやすく、文字商標はかなり厳しいように思います。

「エロイーズカフェ」は、文字商標を取ることができましたが、「三笠ホテルカレー」は、三笠ホテルの所有者である軽井沢町から「特定の民間企業に名称を使わせるわけにはいかない」という理由で文字商標の申請ができませんでした。そのため、三笠ホテルカレーについては3つの傘からなる「三笠」のマークと、三笠ホテルをイメージしたイラストの2つを図形商標で登録することで、ブランドイメージの類似ができないようにしています。

また、ウイスキー事業は、「軽井沢」の筆文字を図形商標で申請しましたが、却下されました。こちらについては、「軽井沢」という地名の入った商品を特定の企業のみに使用を限定することができないため、他の誰も登録することができず、自由に使える商標となるようです。

当社を含め、3社が軽井沢エリアで蒸留所を立ち上げていますので、どの蒸留所もウイスキーを「軽井沢」という名称で売り出す可能性がありそうです。

商標権は、バイアウトの際にもインタンジブルアセット（無形資産）として重要になります。取られてしまう前に、即、出願しましょう。

経営者自身もブランドの一部であることを忘れない

皆さんの周りにいる経営者で、「うちなんて赤字ですよ」「全然儲かっていません」なんてつぶやいている人はいませんか？　声にハリがなく、姿勢も悪く、猫背でトボトボ歩いているような活力のない人はいないでしょうか。

このような経営者と一緒に組んで仕事しようと思う人は、まずいないでしょう。

もちろん、経営をしていれば調子のいいときばかりではありません。資金繰りに悩んだり、組織がうまく機能しなかったりと、さまざまな問題が日々起こるものです。

しかし、こうしたマイナスの印象を周りに表出するのは、「セルフプロモーションができていません」といっているも同然です。

私自身も経営に苦しんだ時期がありました。その際に、自分に課してきた1つのポリシーがあります。それは、**人前で「お金がない」と絶対に口に出さない**ことです。

たとえ売上が低迷していたとしても、人前では笑顔でうまくいっているように見せるのです。つい「お金がない」と言いそうになったときは、逆に将来の夢について語るようにしてきました。

「今、こういうビジネスをやっていて、今後はこんなふうに展開したいと思っているんです」と明快な言葉で伝えていると、周りは私のことを「未来がある人なんだな」と期待をもち、「一緒にビジネスをやろう」と言ってくれるのです。

「そんなのハッタリだ！」と言う人もいるかもしれませんが、経営者には時にハッタリも重要でしょう。「こいつと組んでも大丈夫か？」と思われたら経営者は見限られます。だからこそ、自分を律してプロモーションしなくてはならないのです。

不思議なことに、セルフプロモーションができると、自分から動かなくても向こうからいい話が舞い込んできます。演じてやるくらいの気持ちでポジティブな発言を回りに表明してみてください。数カ月、半年、1年経ったとき、今までとは違う景色が見られるはずです。それは必ず、あなたのブランディングにプラスになります。

地元を無視するとトラブルになりやすい

私は生まれも育ちも軽井沢ですから、地元に仲間や知り合いがたくさんいます。私を知っている人たちは、エロイーズカフェなどの一連の事業を好意的に受けとめ、応援してくれています。私が「別荘地・軽井沢の文化を守ろう」「観光地として盛り上げよう」と取り組んでいるプロジェクトに共感してくれているのです。

その一方で、軽井沢という土地にあこがれをもって移住してくる人には、なかなか理解してもらえないことがあります。

こういう人たちが軽井沢に期待しているのは、「自然のなかでの静かな暮らし」です。しかし、いざ住んでみると、観光客が押し寄せる軽井沢の姿を知り、理想と現実とのギャップに拒否反応を起こすのです。

エロイーズカフェも、人気店になったことで多くの人が来店するようになり、移住してきた近隣の人からクレームを言われたことがあります。

もともとの地元の人は、「軽井沢は別荘地であり、観光地でもある」と子どもの頃から認識していますから、「静かな暮らしを求めて移住してくるのはちょっと違うんじゃないか……」と思います。しかし、そうはいってもお店は人気商売ですから、近隣の住民の人たちの要望には極力応えようとする姿勢が大事です。

こうした地元民と移住者の感覚の違いは、古くからの町であればどこの地域でも存在し、お互いを理解するにはそれなりの時間がかかります。

新しく引っ越してきた人も地元住民になったのですから、今、**住んでいる人全員に受け入れてもらう努力を続けなければ、その地でのビジネスは成り立たない**と私は思っています。

ところが店舗経営者のなかには、「地元住民なんて、ほとんど店に来ないから関係ない」と平気で言っている人もいます。

今は誰でも情報発信できる時代です。当然、自分のお店や商品のファンになってくれた人が発信してブランドにプラスになることもあれば、その逆に、反感をもたれてネガティブな発信をされてしまう危険性もあります。

地元を無視する態度をとっていると、周囲に見えない綻びができ、ＳＮＳ等で本意ではない書き込みをされてしまうかもしれません。そうすると、せっかく積み上げたブランドに傷がついてしまいます。

そうしたトラブルを未然に防ぐためには、地元の人たちの意見や要望をとにかく聞き、根気強く対応していくことです。

もし、そこで地元住民からクレームを聞くことができたなら、「周囲との接点ができた」とプラスにとらえて、うまく付き合っていくことを考えましょう。

腹を割って話をしてみることで、お互いに誤解が解けたりするケースも大いにあります。無視しても、問題が解決するわけではありません。

もし文句を言ってくる本人を納得させられなかったとしても、あなたが誠意をもった対応をしていれば、それを見ている周囲の人たちが味方になってくれることもあります。

第6章

あなたの会社を欲しがる人は誰か

イグジットプランを考えているか

ここまで繰り返しお話ししてきたように、自社の商品やサービスの背景にある「ブランド・ストーリー」が、消費者の共感を生み、ファンを作ります。そして、ファンが増えることで、売上も比例して伸びていきます。

自社の価値を高めるために、ブランド・ストーリーは不可欠です。

企業価値が高ければ、株式公開や事業売却といった次の手を考えることができます。

本章では「あなたの会社を欲しがる人はどんな人か」という視点に立って、イグジットプラン（出口戦略）を立てることの重要性や、売却の方法をお話しします。

イグジットとは、起業家が事業のために投資した資金を回収するための手段のことです。私は、会社を起業するタイミングで、「最終的に、どのようにして自社の価値をより高めるか」、イグジットプランを立てるべきだと思っています。その理由は、事業に必要な資金を、銀行だけではなく、投資家からも調達できるようになるからです。

より大きな資金があれば、事業展開のスピードも上がり、ブランディングもしっかりと行うことができます。そのうえで、自分よりもブランドを伸ばせる人や事業を大きくできる企業に事業を任せたほうが、事業全体の成長が見込めます。

例えば、エロイーズカフェの場合、国内はもとより海外にもレストランを展開している企業であるとか、カフェだけでなく、ステーキハウスなど、さまざまな業態のブランドを展開している企業であれば、レストラン経営のノウハウや経験を、私よりもはるかにもち合わせています。

２０２１年、東京・浅草の老舗すき焼き店「ちんや」のブランドを取得した株式会社ＷＤＩは、カプリチョーザやウルフギャング、エッグスンシングスなど、20以上のブランドを運営しています。おそらく、そのノウハウをもってすれば、エロイーズカフェも容易に数十店舗まで拡大させることができるでしょう。

自社のビジネスに近しいことを手広く行っている企業に買ってもらうことで、事業をスピーディーに拡大させることができるのです。それが、**立ち上げたブランドを活**

かしたイグジット戦略だと考えています。

では、具体的にどんなイグジットプランがあるでしょうか。

プランとしては、「バイアウト」か「IPO（上場）」の2つです。

わかりやすくいえば、出資者から資金を得た経営者が、そのお金を元手に事業にレバレッジを効かせて誰かに売却するか、もしくは会社自体の規模を大きくするために資金調達の手段としてIPOをするか、ということです。

私は、どちらかといえば、バイアウトをお勧めします。バイアウトには3つの手法がありますが、ここでいうバイアウトは、譲渡する企業の資産や今後期待されるキャッシュフローを担保として、譲受企業が金融機関などから資金調達して買収するLBOのことです。

IPOは株式を証券取引所に上場し、株式を投資家に取得させる方法です。上場することで、株式市場で多数の投資家から広く資金調達が可能になり、企業の知名度やブランド力、社会的信用の向上が期待できますが、多額の資金が必要で、時間がかかります。一般的に上場までにかかる期間は3～5年。計画的に、かつ必要なステップを踏まなければ、上場は極めて難しいといえるでしょう。

その点、バイアウトであれば、準備にそれほど時間を取られることもありませんし、多くの関係者も必要としません。同じレストラン業だったり、ホテル業だったり、自社のビジネスと親和性が高い企業であれば、規模拡大の効果も高いはずです。

エロイーズカフェは、２０２１年、取引先の銀行から「うちの取引先が御社の購入を希望していますが」という問い合わせがあり、その他にも数社と売却に向けた話が持ち上がっていました。まだ話はまとまっていませんが、最終的にはバイアウトを考えています。


企業を立ち上げ、ブランドを作るのであれば、「**そのブランドを最終的にどうしたいのか」というイグジットプランを念頭に置いたうえで、ブランドイメージや世界観、ターゲットなどの細かな点まで考慮して、ブランドを育てていく**ことが大事です。

ブランド力が高まれば、会社がまだ成長していないうちに高値で売却できることもあるかもしれません。

バイアウトから次のステップへ進もう

日本の企業経営の現実を見てみますと、バイアウトでもなく、ＩＰＯをするでもなく、同じ規模感で経営している企業が大半です。個人事業主から株式会社へと展開しても、ファミリービジネスの枠から抜け出すことはほとんどありません。

すると、まず直面するのが「後継者問題」です。

イクジットプランには前述の２つのプランの他にも家族か社員が会社を継ぐ「承継」、そして「廃業」という出口もあります。しかし、すでにお話ししたとおり、後継者の決まっていない企業は４００万社中１２７万社もあるのです。もし後継者が決まっていない状況で、オーナー経営者が病気や事故などでいきなりリタイヤしてしまうと、会社は一気に推進力を失い、経営危機に陥るケースが往々にしてあるのです。

一方、アメリカはどうかというと、アメリカのスタートアップ企業のなんと9割がバイアウトである、というデータがあります。その背景には、もちろん明確な理由があります。海外で会社を作る場合、オーナー経営者は投資家による出資金を元手にしてビジネスを行い、レバレッジを効かせながら事業を拡大していきます。

つまり、投資を受けることが一般的で、投資家もまた企業から見返りを求めます。ですからオーナー経営者は、投資家に対して、「企業をどう成長させるのか」「どれくらいのリターンが見込めるのか」について、答えなくてはなりません。

言ってみれば、**イグジットプランが明確になっていなければ資金が集まらない仕組み**になっているのです。

日本では、会社はどこまでいっても「オーナー経営者のもの」であるのに対し、アメリカでは企業はある意味「投資家のもの」といってもよいかもしれません。

日本とアメリカの経済力の差は、一度始めたビジネスを承継か廃業で終わらせるのか、バイアウトで資金を得るのか、という違いにあると考えています。

バイアウトで資金を得た場合、その資金で新しい事業を始めて新たなフェーズへ移

行できます。

また、投資をすれば、資金の提供側になることで、市場には新たなビジネスが生まれるという循環構造が成立するのです。

事業承継がうまくいけばまだいいのですが、後継者不在で事業を終了させてしまった場合には、残るものは何もありません。日本の経済を活性化するためにも、バイアウトを視野に入れたイグジットプランを考える必要があると思います。

私が皆さんにバイアウトを勧める理由は他にもあります。

1つは、ビジネスを進化させ続けていくためです。

時代は刻々と変化を続けており、流行り廃り、技術革新によって、起業した頃に描いたビジネスプランを見直さなければならないときが必ず来ます。

もちろん、起業メンバーで見直すこともできるかもしれませんが、ビジネスが軌道に乗っているときに、より体力のある企業に事業を購入してもらったほうが、事業を継続しやすく、拡大展開が期待できます。

そしてもう1つは、バイアウトした資金で、アメリカの起業家のように、新たなフェーズに移行してもらいたいからです。

私は、皆さんにぜひ投資家になって、次に続く人たちに夢をもたせる人材になってほしいと思っています。

私が大学生のときは、学生に出資する人なんて誰もいませんでした。しかし現在では、ベンチャーキャピタルやクラウドファンディングといったさまざまな資金調達の仕組みが整い、若手がチャレンジできる環境にあります。

それでもまだ、アメリカと比較すると相当日本は遅れているといわざるを得ません。

今後、投資家を増やして新しいスタートアップを生み出していくためには、経営者がバイアウトを行って資金を得て、次世代に投資しなければなりません。

バイアウトは、日本経済の閉塞感を打ち破るひとつの突破口になるはずです。

私自身も、今後、投資家として歩みを進めていきたいと思っています。

シナジー効果がなければ売却する意味がない

イグジットプランを立てる際に、考えておきたいポイントは３つあります。

○10年の売り上げ計画と利益計画
○最終的にいくらで売却するのか
○誰に売却するのか

そして、実際にバイアウトする際には、相手に対して次の2点を押さえておく必要があります。

○「シナジー効果」を見込める
○インタンジブルアセット（無形資産）を理解している

シナジー効果とは、お互いにリソースを有効活用して、相乗効果を発揮し、事業にメリットをもたらすことです。

エロイーズカフェのバイアウトを進めているときに、さまざまな企業の方とお話ししました。そのなかには、美容室を運営している会社もありました。「上場を目指していて、飲食業に参入したい」という理由からでした。しかし、私はよくよく考えた末、美容と飲食ではシナジー効果があまり見込めないと判断し、お断りしました。

また、「アパレル会社を数億でバイアウトして資金があるので、エロイーズカフェを購入したい」という方もいましたが、「資金があるから」という理由だけでは、その後の運営を安心して任せることはできません。

私がエロイーズカフェの売却先に求める相乗効果は、例えば次のようなものです。

・他の飲食ブランドをすでに運営していて、そのノウハウが活かせる
・エロイーズカフェのノウハウを、すでに運営している他店に活かせる
・セントラルキッチンをもっており、他店に卸しているので実店舗が欲しいと考えている

・ブランドが増えることで会社規模が大きくなり、仕入れ原価が下げられる

このように、相互にメリットが生まれる会社に購入してもらうのがベストだと考えています。

また、相手がインタンジブルアセット（無形資産）を理解していることも非常に重要です。

例えば、エロイーズカフェのブランド自体を愛してくれていること、またストーリーをしっかり理解してくれていること、あるいはオーナー経営者である私の考えを理解してくれていることも大きなポイントになります。

逆に、売り上げや利益といった数字で判断している企業には任せられません。というのも、利益重視の経営では、ストーリーや世界観よりも、売れ筋や利益率のいいメニューを出そう、という方向に、どうしても傾いていってしまうからです。

仮にバイアウトが成功したとしても、これまで築き上げてきたストーリーが壊されてしまい、全く違うお店になってしまうでしょう。その結果、お客さんが離れ、経営自体が立ちゆかなくなる可能性もあります。

ファンやそこに働く従業員も含めて、ブランドの価値です。まさに目に見えない無形の価値の重要性を、バイアウト先の企業が認識していなければ、せっかく築いてきたブランド価値を毀損してしまう事態になるのです。

イグジットプランは、会社における自分自身のゴールでもあります。

自分が起業した会社には、自分が設定しない限り「期限」は存在しません。期限がないために、目標達成ができなかったり、当初決めていた課題解決が先延ばしになったりと、会社にとって不利益なことばかりが起こります。

イグジットプランが設定されていれば、明確なゴールが生まれます。ビジネスを推進していくためにも、イグジットプランの立案を急いでほしいものです。

会社の価値はどのように評価するのか

バイアウトの際には、自分の会社をなるべく高く評価してくれる企業に売りたいと考えるのは当然でしょう。

では、会社の売買価格はどのように決めればよいのでしょうか。

会社の価値を評価する方法として、大きく分けて「時価純資産法」と「ディスカウントキャッシュフロー法」という2つの方法があります。

時価純資産法は、現在、企業がもっているすべての資産（現預金などの流動資産・不動産やブランド力などの固定資産・開業費などの繰延資産）を時価換算して企業価値を算出する方法です。足し算方式で考えていくため、シンプルでわかりやすいという特徴があります。

しかし、時価純資産法にはデメリットもあります。それは、「将来生み出す利益が価値の算定に入らない」ということです。

ビジネスの本当の価値は、「今後、そのビジネスが広がっていくのかどうか」ということにあります。

将来的に社会に広く受け入れられるビジネスであれば、継続して利益を生み出していくだろうという予測が立てられます。

ディスカウントキャッシュフロー法は、割引キャッシュフロー法、ＤＣＦ法ともいわれます。その事業が将来生み出すキャッシュフロー（収益）に注目して、現在の価値に割り引いて企業価値を計算する方法で、Ｍ＆Ａで最も多く使われています。

具体的には、事業計画をもとに、企業が将来どのように成長するかを仮定し、１年後、２年後、その先のフリーキャッシュフローを算出し、その値に加重平均資本コスト（借入でかかるコスト、資金調達でかかるコスト）など加味して、最後に現在の価値に直して計算します。

ちなみにフリーキャッシュフローとは、事業で得たお金から、事業維持に必要な設備投資などの支出を差し引いたあとのキャッシュフローのことで、どれだけ現金が流入してどれだけ流出したかがわかるものです。損益計算書では利益しか確認することができませんが、キャッシュフローがわかれば、損益計算書の売上と、実際の現金の額のズレを知ることができます。

私は会社の価値は、ＤＣＦ法で計算すべきだと考えています。

ブランド・ストーリーやオンリーワンのブランドをしっかりと作り上げている企業であれば、今現在の資産は少なかったとしても、ＤＣＦ法であれば、きちんと将来性を評価することができるからです。

ただしＤＣＦ法は、時価純資産法と比べると、算定方法が多少複雑になります。正確な算定をする際には、専門家に相談したほうがよいでしょう。

無事にバイアウトが成立すると、改めて「バイアウトで得た資金で何をするか」を考えることになります。

例えば、何度も起業とバイアウトを繰り返し、起業をメインにする「シリアルアントレプレナー」という働き方があります。

あるいは、バイアウトした資金でM&Aをする方法や、エンジェル投資家になって、これから成長しそうな企業に投資をするという方法もあるでしょう。

投資家と一口にいっても、さまざまなルート、やり方があります。

ぜひ皆さんには経済が活性化するよう、次のビジネスに投資をしていただきたい。自分が得た利益が社会を活性化させ、ひいては日本を元気にすることにもつながると思います。

ちなみに私は、仮にエロイーズカフェをバイアウトできたら、別のスタートアップの会社に投資をするか、ウイスキー事業に資金を投入したいと考えています。

夢は広がります。

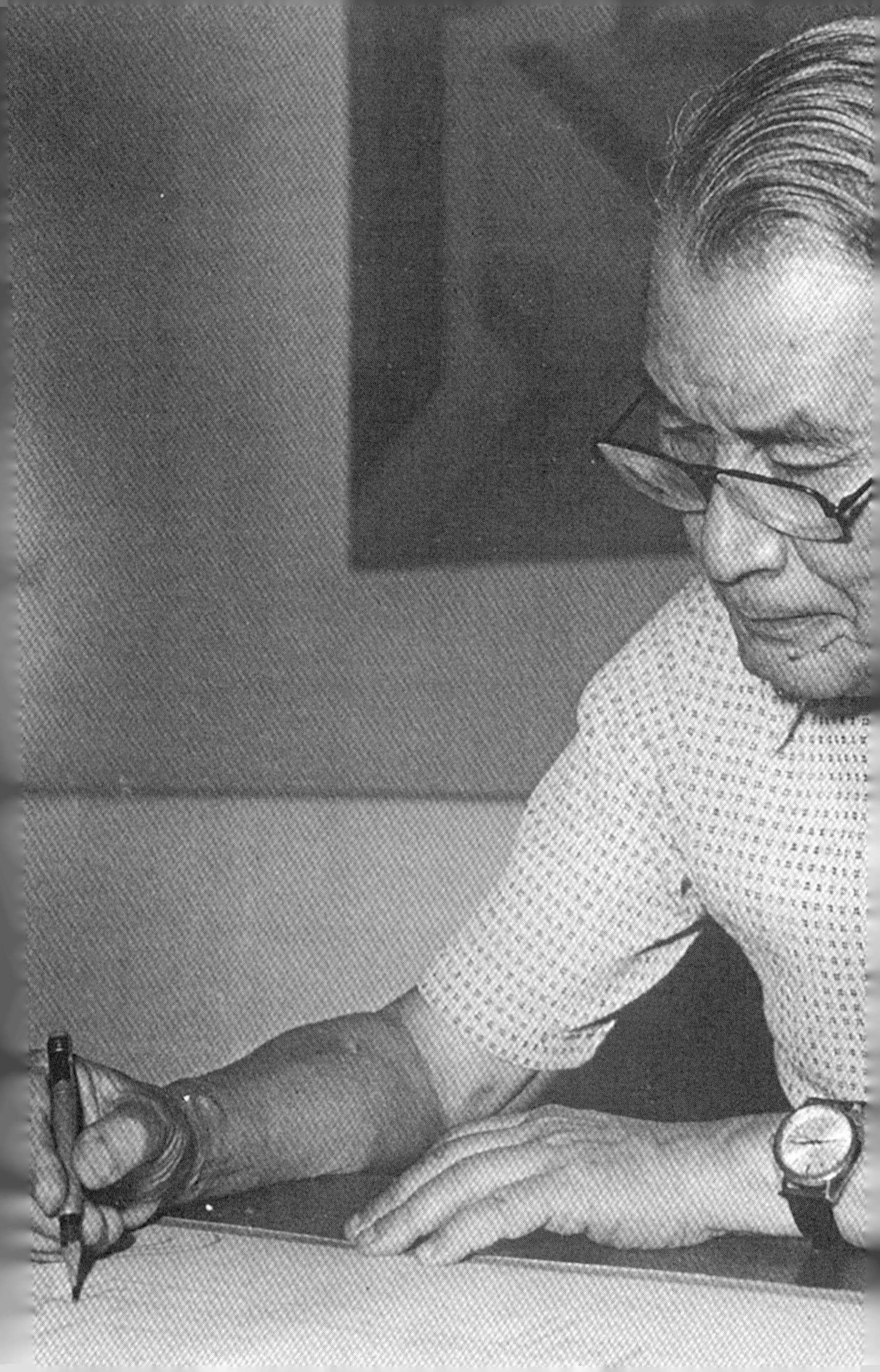

第7章

ブランド・ストーリーが日本の中小企業を救う

ブランディングに人真似は禁物

ブランド・ストーリーは、企業の数だけ、事業の数だけ正解があります。一度うまくいった成功パターンがすべての事業で通用するとは限りません。また、なかにはストーリーを作ることが難しいものもあります。

では、どのように考えてブランディングをすればよいのか。いくつか事例を挙げてみましょう。まずは、自分の魅力を社会にどう伝えるかという「パーソナルブランディング」についてです。

パーソナルブランディングで陥りがちなのが、「自分に似た人の真似をする」というものです。

例えば、自分がスタイリストで、あこがれのスタイリストさんがいるとしましょう。その人は、ブログやSNSなどで多くのフォロワーがいます。そんなとき、「この人のように成功したい」と思って、同じようにブログやSNSでの発信を頑張ったとしても、そのやり方が自分に合っているとは限りません。誰かの真似をして作ったものは、どこまでいっても自分らしさを表現することは難しいからです。

パーソナルブランディングの成功例として、「SNSでフォロワーを1万人集めて本を出版し、最終的には大学の先生になりましょう。それが周囲からも認められる方法です」という戦略を聞きますが、本当にそうなのでしょうか。

私は「何か違う」と感じてしまいます。「他人から勧められた」ブランディングは、まず成功しません。私がもしパーソナルブランディングを考えるなら、自分のライフスタイルを見つめ、そこからヒントを見出します。

例えば、「東京と地元の軽井沢を行き来する二拠点生活をしている」「夏は軽井沢の別荘で過ごしている」「週末はよく仲間とバーで過ごしている」などといった自分の行動から、ストーリーになりそうな項目をピックアップし、深掘りしていくでしょう。

人が共感するのは何より「その人の生き方」のはず。

パーソナルブランディングを行う場合、まずは**自分の内面を振り返ることから始める**のがいいのではないかと思います。

町おこしを成功させるヒント

では、地域のブランディングをする場合ではどうでしょうか。

地域のブランディングは「町おこし」ともいわれ、多くの自治体が取り組んでいることでもあります。しかし、私は多くの自治体がブランディングに失敗しているという所感をもっています。それはなぜなのか。先ほど挙げたパーソナルブランディングの失敗と同じく、「どこかの成功例を真似している」にすぎないからです。

例えば、S町でゆるキャラを設定し、B級グルメを地域に浸透させた結果、「B級グルメの町」と周囲から認識されるようになったとしましょう。

その成功を知ったM町が、「よし、じゃあうちでもやってみよう」と同じように取り組んだとしても、「二番煎じ」「S町のパクリ」と思われてしまい、おそらく失敗してしまうでしょう。

地域ブランディングの場合、多くの要素は必要ありません。深掘りできる1つの要素さえあれば、それをきっかけに「○○で有名なM町」と認識されていきます。

また、地域ブランディングの場合は、**必ず土地や文化のストーリーが存在している**ため、深掘りすればするほど、共感するファンにとっては高評価のポイントになるはずです。

ただし、地域ブランディングする際に気をつけていただきたいのが、「特産品のブランド化」です。

特産品の場合、ストーリーだけでは、その商品を選ぶ訴求力にはなりません。実際、特産品のブランド化に苦戦する自治体や生産団体は多く、商談会や展示会への出展だけにとどまっているようです。

例えば、軽井沢には「霧下野菜」というブランドがあり、キャベツ、レタス、トウモロコシがその代表格です。軽井沢は標高950~1200mに位置しており、昼夜の寒暖差の大きい場所です。夏は特に寒暖差が大きいため、早朝に霧が発生します。この霧が、葉の乾燥を防ぎ、みずみずしく柔らかな野菜に育つのです。

しかし、「軽井沢に霧が多く発生する」「霧のなかで育つから霜下野菜」というストーリーだけでは、深みがなく、物足りなさを感じます。

また、軽井沢に隣接する長野県佐久市には、佐久商工会議所と地元のラーメン屋さんで開発したご当地ラーメン「安養寺ラーメン」があります。安養寺は、鎌倉時代の僧・覚心上人の遺志で開かれた寺で、この僧が中国から日本各地へみそ作りを伝えたといわれています。安養寺ラーメンは、安養寺にちなんだ「安養寺みそ」を80％以上使ったみそラーメンで、市内の16軒のラーメン屋で食べることができます。

しかし、この安養寺ラーメンも、単に安養寺が「信州みそ発祥の地」として知られているだけで、他に特別な歴史があるわけではありません。

同じ特産品でも、第2章で紹介した「アメーラトマト」が成功したのは、開発ストーリー＋αの戦略で、「どのトマトよりも甘い」というインパクトの強い付加価値をつけると同時に、ネーミングからデザイン、パッケージに至るまで、徹底したブランディングを行った結果です。

特産品をブランド化する場合には、ストーリーだけでなく、プラスαが必要でしょう。地域ブランディングを行う際の参考になれば幸いです。

戦略のミスは戦術ではカバーできない

これは私の知り合いの話です。

2021年秋に、都内の住宅街で低家賃の居抜き物件を借り、ラーメン店をオープンしました。出店の主な理由は、このエリアに同じようなラーメン店がないから、ということでした。

デザイナーに頼んだ、それらしいロゴと、ロゴ入りの什器を用意し、ホームページも作成。しかし、オープン以来、思ったように売上が上がりません。新メニューやイベントメニューなどを考案し、SNSで配信したり、チラシを配布したりして集客しましたが、あまり効果がなく、赤字が続いていました。

そこで私は、彼の店に訪れた際に、ファンを作るためにはストーリーが必須であることを伝えました。

じつは彼には、こんなバックグラウンドがあったのです。

――私は群馬県高崎市のど真ん中で生まれ、中学受験で群馬県私立新島学園に入学しソフトボール部に所属、高校生まで群馬で育ちました。

その後、大学進学と共に上京。大学生活のかたわらバンド活動をしており、音楽で有名になることを目標に東京で頑張っていました。

そして20代、CDデビューはしたものの、いまいちパッとせず、スタジオミュージシャン等で何とか音楽で生計を立てながら、もともと大好きだったラーメンを食べ歩いていました。

音楽活動後は和食料理人、アパレル、金融機関、カフェ経営を経て、2021年に大好きなラーメン屋をやりたいと思い、東京都墨田区でラーメン屋ハレルヤをオープンしました。

ラーメンは私の父親も好きで子どものころからよく食べていました。

そんな父親が病気がちになり、大好きなラーメンを食べられるよう、油を極力抑えた美味しいラーメンをと思い、〝辛麺〟を開発しました。

ラーメンと言えば健康に悪いと思われがちですが、ハレルヤのラーメンは一般的なラーメンと比べ《油分80%カット》した、毎日食べられるラーメンです！
残念ながら、実際に父親に食べてもらうことは叶いませんでしたが、しかしながら、その想いのこもったラーメンで高崎を元気にしたい！皆さんの笑顔をみたい！と思っております。（クラウドファンディングサイトより一部抜粋）

以上が彼のストーリーです。彼はクラウドファンディングで１００万円の資金調達に成功し、その資金を元手に、出身地の群馬県高崎市に2号店をオープンしました。ホームページにストーリーを掲載し、ＳＮＳで発信したところ、どんどん拡散され、開店1年で、ユーチューバーも訪れる人気店になりました。

このラーメン店の名前は「晴天家ハレルヤ」。創業者は松岡武氏です。

開店して間もない頃の松岡氏のように、ブランディング戦略のミスは、戦術ではカバーできません。

ＳＮＳでバズるためだけにデカ盛りの新メニューを出したり、単純に値下げをした

ハレルヤ

500円ランチなどで売り上げをカバーしたりしようとしても、お客さんの心には何も響きません。

目新しさから一時はお客さんの数が少し増えたとしても、他店が同じようなメニューを出せば、負けてしまう可能性もあります。

ストーリー不在の小手先の戦術では共感を得られず、ファンがつかないため、人気店にはならないのです。

ブランド・ストーリーを描くには、リサーチする時間や、じっくり考える時間が必要になるため、即席ではできません。

しかし、**地域の歴史や自身のバックボーンを深掘りして見つけたストーリーには、人を惹きつける魅力があります**。

集客ができていないと感じたら、目先の利益だけを求めたり、楽な方向に流されたりせず、ストーリーを活かした戦略を再構築することをお勧めします。

ストーリーを作るための3つの軸

ブランド・ストーリーを考えるときに、3つの軸から考えてみる方法もあります。マーケティング・コンサルタントの下矢一良氏は、著書『小さな会社のPR戦略』（同文舘出版）のなかで、「社会軸」「社長軸」「組織軸」から考える戦略を解説していますので、その骨子を紹介します。

1つめの「社会軸」は、企業がビジネスを通じて達成したい目的が、「社会を変えること」であると打ち出すことです。

ここでいう社会には、地域や業界も含まれます。第1章で取り上げた「獺祭」の例も社会軸といっていいでしょう。日本酒業界の常識に挑戦する旭酒造のストーリーは、メディアを惹きつけ、多くのファンを生みました。

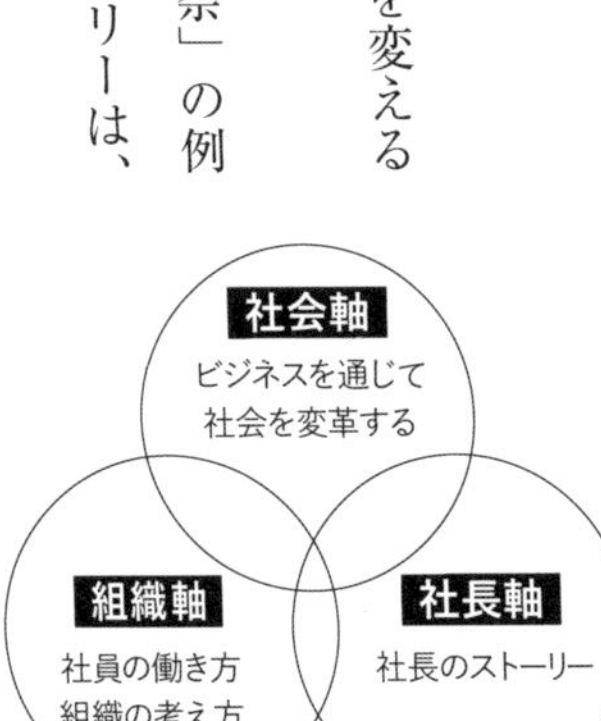

ストーリー戦略3つの軸

2つめの「社長軸」は、創業者が今の事業を始めたきっかけや、その後の取り組み、将来の夢など、これまでの歩みをストーリーにするものです。

ただ、この社長軸で注意しなければならないのは、お客さんに「自分とは関係ない」「単なる他人の身の上話だ」と受け取られないようにすることです。これは、私も常に気をつけていることです。

3つめの「組織軸」は、組織の特徴的な取り組みや、働き方、社員の教育制度、人事評価などに注目したストーリーです。

例えば、大阪府摂津市にある輸入エビの加工会社「株式会社パプアニューギニア海産」は、21名のパート従業員の働き方が極めてユニークです。

「好きなときに来て、好きなときに帰っていい」「休むときの事前連絡も不要」と聞けば、真っ先に懸念されるのはモラルの低下でしょう。しかし、試験的にシフトをなくすフリースケジュールに移行したところ、まったく問題はなく、むしろ商品の品質が上がったそうです。

この取り組みを始めた理由は、職場の雰囲気の悪さだったといいます。パート従業員は、子育てや介護をしている人が多く、やむを得ない事情で仕事を休まねばならないことがありました。

会社や同僚たちに気を遣うことが彼女たちのストレスになり、ギスギスした雰囲気を生み出しているのではないか、と感じた工場長は、「いつでも気兼ねなく休める会社にしよう」と考えました。

この会社は、東日本大震災で宮城県石巻市にあった工場が被害に遭い、大阪に工場を移した経緯があります。

縁もゆかりもない土地で、人手不足のなかでいかに従業員を集め、幸せに働いてもらえるか……。悩んだ末にたどり着いた取り組みが、結果として話題を呼び、多くのメディアで特集されたのです。

「社会軸」で作成した軽井沢のストーリー

この社会軸、社長軸、組織軸を、私のライフワークである「軽井沢のブランド力を向上させる」ことに引き当てたとき、社会軸の戦略が最適だと感じました。

下矢氏は『小さな会社のＰＲ戦略』のなかで、３つの軸それぞれにストーリー作成シートを掲載しています。

社会軸では、４項目を当てはめていくとストーリーが完成します。そこで、私も４項目を考えてみました。

１．どう世の中を変えたいか

⬇軽井沢という土地を日本一の別荘地にしたい／軽井沢の認知度をもっと高めたい

この２つの思いが大きな原動力となっています。

2. 一般へのメリット

⬇軽井沢の歴史を伝え、それをベースにストーリーを練り上げ、さらに発展させること

軽井沢が別荘地域として有名になり発展していくと、地域経済もこれまで以上によくなるでしょう。軽井沢の人たちとっても大きなメリットになります。

3. そのために取り組むこと（過去、現在、将来のいずれでも可）

⬇エロイーズカフェとハーモニーハウスの保存

エロイーズカフェやハーモニーハウスが有名になれば、全国から観光客が集まり、地域経済の活性化につながるはずです。

4. 将来の夢

⬇軽井沢を日本一の別荘地として未来永劫残すこと

そのために自分ができることを今後も継続的に行っていきたいと考えています。

このように、項目を1つずつ考えていくと、自分の気持ちや考えが整理されます。アウトプットすることで、おのずとストーリーが浮かんでくるはずです。

おそれずに勇気をもってチャレンジを

ブランド・ストーリーを作り、「これはきっと世の中に受け入れられる！」と確信しても、やはり、実際にやってみなければわからないこともあります。

私が軽井沢でエロイーズカフェをオープンしたいと思ったときは、銀行からなかなか融資を受けられませんでした。

飲食業の経験がありませんでしたし、建物を借りてリノベーションしても、所有者は私ではないため、融資を断られてしまったのです。

そこで私が次の手として考えたのは、商工会の会員になり、特別な融資「マル経融資」を受けることでした。それによって、何とか建物をリノベーションし、オープンすることができました。

この経験から、「融資はそう簡単には受けられないものだ」と痛感したのです。

しかし、続く川崎のラチッタデッラへの出店の際には、地元（軽井沢）の八十二銀行から4300万円もの融資を受けることができました。

第2章にも書いたように、商業施設への出店には多額のコストがかかります。「融資は難しいかな……」とダメ元で融資をお願いしたところ、なんと二つ返事でオッケーをもらえたのです。

さらにこのときに運転資金として、地元の金融機関である長野県信用組合が不足分を融資してくれたのです。

事業計画書が審査を通ったのは、2年分の途中までの決算で収益増加となっていたこともありますが、信用組合の担当者がエロイーズカフェに足を運んだ際に、「これだったら大丈夫じゃないか」と判断してもらえたからではないかと思います。

ストーリーがあったからといって、絶対に成功するという保証はどこにもありません。

事業をスタートしたら、過度に期待せず、「駄目でもともと、やってみるか！」くらいの気持ちで進めていくほうがいいと感じています。

ブランド・ストーリーを確立するポイントを外さなければ、必ず道は拓けます。

皆さんのなかには、出店する際に何千万円もの融資を受けるのはリスクがあると尻込みしてしまう人もいるでしょう。

しかし、たとえ失敗したとしても命までは取られません。

人生は一度きりです。

本書でお伝えしてきたブランド・ストーリー戦略を実践し、あなたの夢を実現してほしいと願っています。

おわりに

1000坪を超える広大な敷地に、高級なガラス張りのデザイン性の高い別荘や高級木材を使ったログハウスがいくつもあるような場所。それが軽井沢です。そういった別荘の価格は軽く億を超えます。

また、軽井沢はさまざまな著名人や文化人、スターたちが愛した土地でもあります。今の上皇さまと上皇后さまの出会いの地であり、ジョン・レノンとオノ・ヨーコが家族で訪れた場所です。

「あの有名人が来ていた」「ここで過ごしていた」という他にはない事実そのものがストーリーになるのです。だからこそ、歴史ある建物を残すことが、軽井沢にとって重要な意味をもつのです。

しかし、昨今の軽井沢は様相が変わってきています。

軽井沢は、東京から新幹線で1時間、車でも2時間ほどしかかかりません。駅前には大きなアウトレットがあり、スーパーも揃っているので、利便性の高さから、移住先として軽井沢を選ぶ人が増えています。

残念ながら、そうした人たちが移住してきた結果、軽井沢のブランド価値が下がってきてしまっています。

100坪ほどの土地に小さな家を建て、軽井沢人になったような顔をしている人たちを見ると、何ともいえない気持ちになります。

もちろん、なかには軽井沢の歴史と文化を理解して移住してきた人もいますが、町のブランドを低下させないためにも、軽井沢で生まれ育ち、軽井沢でビジネスを展開している自分たちが、「どういう人に軽井沢に来てもらいたいのか」をもっと具体的に考えなければならないと思っています。

そのヒントが、別荘族の人たちの行動にありました。

多くの別荘保有者は、ビジネスで成功した人たちです。それらの人たちは、よく友人を自分の別荘に招待します。招待された人は、初めて軽井沢を訪れ、軽井沢という地を知ります。そして、気に入ると、その人も成功した後に軽井沢に別荘を購入する……というサイクルが昔からあるのです。

軽井沢を日本一の別荘地にするためには、このような、成功者が集まるような環境を整備することが必要なのでしょう。

そのために、私は次の2つのことを実践していきたいと考えています。

1つには、「どういう人に来てほしいのか」を考えたうえで、それに向けて法整備をすること。

2つには、軽井沢の新たなブランドとなるような事業にチャレンジすることです。

まずは、軽井沢蒸留所でのウイスキー作りを皮切りに、日本のみならず、世界での認知度の向上に努めていきたいと思っています。

私は常々、自分がやりたいと思っていることは、口に出し、人に言うようにしています。言霊には力があります。

実際、軽井沢でエロイーズカフェをオープンしたとき、「次は長野近辺ではなく、関東に出店したい」と周囲に言い続けていた結果、予想を超える形で叶えることができました。

願望は自分のなかにとどめておかず、どんどん表に出していったほうが、幸運を引き寄せられます。

多くの企業がオンリーワンのストーリーを展開できず、閉業、倒産していく現状が続いています。この状況を打破するために、本書をお役立ていただけましたら、これに勝る喜びはありません。

ぜひ共に、日本を元気にしていきましょう。

2023年6月

土屋 勇磨

【著者紹介】

土屋 勇磨（つちや ゆうま）

株式会社軽井沢総合研究所 代表取締役
株式会社ブランド戦略パートナーズ 代表取締役
軽井沢ディスティラリー・ジャパン株式会社 代表取締役

1978年生まれ、軽井沢出身。幼少の頃より軽井沢の別荘地で育つ。

大学卒業後、大手不動産会社やリクルートグループ会社を経て軽井沢新聞社に入社。クライアントの広告戦略を通じてブランディングを学びながらフリーマガジン『軽井沢スタイル』を創刊。2009年、軽井沢の飲食店13店舗と「三笠ホテルカレー」を企画したところ、複数のTV局に密着取材され、S級グルメとしてのブランドを確立、累計30万食を販売する。

2015年、軽井沢新聞社を退職して独立し、株式会社軽井沢総合研究所で歴史的建造物の保存事業を手がける。独自のマーケティングスキルとプロモーションノウハウをフル活用して立ち上げたエロイーズカフェは、多くのメディアに取り上げられ、一気に人気店となり、現在、全国で6店舗を展開中。

2019年に設立した軽井沢ディスティラリー・ジャパン株式会社の新規事業としてウイスキーブランドの立ち上げに挑戦中。2022年、株式会社ブランド戦略パートナーズを設立。ブランド・ストーリー戦略の専門家として、企業のブランディングのプロデュースやアドバイスなどを行っている。

立教大学大学院ビジネスデザイン研究科修了（MBA）。

著書に『豊かな人生を愉しむための「軽井沢ルール」』（秀和システム）がある。

■企画協力／吉田　浩（天才工場）
■執筆協力／掛端　玲
■編集協力／青木より子
■カバー写真／齋梧伸一郎
■装幀・本文デザイン／小松利光（PINE）

ブランド・ストーリー戦略

2023 年 6 月 10 日　初版　第 1 刷　発行

著　者　　土屋 勇磨

発行者　　安田 喜根

発行所　　株式会社 マネジメント社

東京都千代田区神田小川町 2-3-13 M&C ビル 3F

（〒 101-0052）

TEL 03-5280-2530（代表）　FAX 03-5280-2533

https://www.mgt-pb.co.jp

印　刷　　株式会社 シナノパブリッシングプレス

ISBN978-4-8378-0512-0 C0034

定価はカバーに表示してあります。

落丁本・乱丁本の場合はお取り替えいたします。